Découvrez l'histoire par les archives de presse

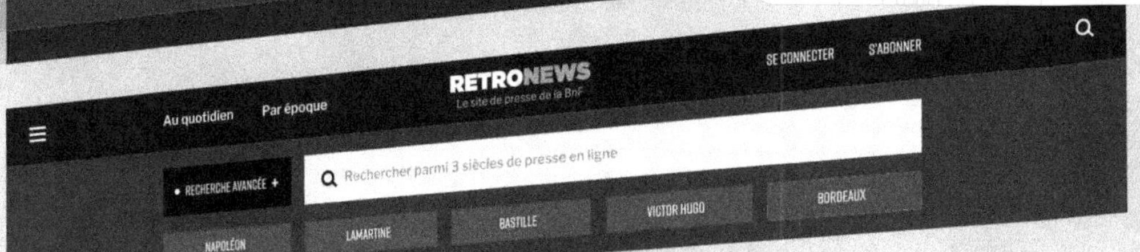

RETRONEWS

Le site de presse de la BnF

www.retronews.fr

14ᵉ Année. — N° 157.   10 centimes.   29 novembre 1902.

LE
Petit Français illustré

JOURNAL DES ÉCOLIERS ET DES ÉCOLIÈRES

FRANCE : UN AN, 6 FRANCS
(du 1ᵉʳ de chaque mois)

Librairie Armand Colin
Paris, 5, rue de Mézières.

UNION POSTALE : UN AN, 7 FRANCS
(Paraît chaque Samedi)

L'ami Begley, de Durham.

NOS VOISINS. — I. Un écolier anglais en France.

L'Ami Begley (de Durham, Angleterre.)

— Messieurs, un nouveau ! dit le directeur, homme grave et cravaté de blanc qu'on appelait Piffard, à cause de la longueur et aussi du flair extraordinaire de son nez : il sentait à cinquante pas un élève qui avait fumé !

— Un Anglais ! un Anglais ! un Anglais ! crièrent les élèves accourant comme une volée de moineaux de tous les coins de la cour.

Il n'y avait pas à s'y méprendre ! C'était bien un Anglais, un véritable Anglais, des pieds qu'il avait trop grands à la mâchoire qu'il avait trop forte, un Anglais bien musclé, grand pour ses quinze ans, presque roux, les yeux bleus et les dents saines et blanches. Il était vêtu d'un complet en laine et à carreaux très court et coiffé d'une casquette microscopique en laine et à carreaux. Il ne semblait d'ailleurs nullement intimidé par l'accueil enthousiaste qui lui était fait.

— Good morning, sir, disait l'un.

— How do you do ? disait l'autre.

— English spoken here, disait un troisième plus spirituel encore que les deux autres.

— Messieurs, dit Piffard, toujours grave mais aussi légèrement ironique, ne vous fatiguez pas à parler anglais : M. Begley connaît le français. Il vient seulement ici pour se perfectionner dans l'étude de notre belle langue. J'espère que vous l'aiderez de tout votre pouvoir et de votre bonne amitié. Lesieur, Hirne, Aubry, Lecerf, ajouta-t-il en s'adressant plus spécialement à un petit groupe d'élèves qui étaient au premier rang, je compte sur vous pour piloter Begley.

— Comment donc, monsieur le Directeur, avec plaisir ! répondirent les élèves désignés.

Mais ils n'eurent pas le temps, ce jour-là au moins, d'ébaucher leur rôle de confidents et de mentors. La cloche sonna et Begley, qui dominait de sa tête de jeune géant roux les petits élèves maigriots et noirs de l'école, suivit docilement sa division. On voyait que tout l'étonnait, mais il ne disait rien. A l'étude, les bancs lui parurent trop petits et il eut de la peine à y insérer ses longues jambes ; au réfectoire, les morceaux de pain lui parurent trop grands. Visiblement il y avait trop de pain pour lui et pas assez de viande. Au dortoir, il tâta avec inquiétude son lit de fer qui gémit douloureusement sous son poids quand il s'y coucha. Le lendemain matin, il fit la grimace en apercevant la cuvette qui lui était destinée.

— Ce était pour un poupée, dit-il au maître qui surveillait le dortoir.

Il ne parlait pas mal le français, mais confondait facilement les genres. On fut stupéfait en le voyant se mettre nu jusqu'à la ceinture et s'ébrouer sous l'eau fraîche avec des petits cris de fauve qui se baigne. Mais il est juste de dire que le lendemain tout le monde voulut faire comme lui : quelques-uns même cassèrent sournoisement leurs cuvettes pour que Piffard pût en acheter de plus larges.

Begley était le fils d'un riche fabricant de tapis à Durham dans le nord de l'Angleterre. Il savait un peu de français, connaissait passablement son arithmétique, un peu moins sa géographie et pas du tout son histoire. Il lui suffisait de penser que l'Angleterre était le premier pays du monde. En réalité il était fort ignorant, et il y a pas mal de jeunes Anglais de sa condition qui sont comme lui. Mais il se rattrapait sur le chapitre des exercices du corps : là, avec ses mollets durs comme des balustres de marbre et ses poings gros comme une noix de coco, il était incomparable.

A la première récréation, il dit à ses pilotes Aubry, Lesieur, Lecerf et Hirne, qui déjà se laissaient diriger par lui :

— A quoi joue-t-on ici ?

Ils haussèrent les épaules.

— On ne joue pas, on se promène.

— Vous n'avez donc pas de jeux ?

— Si, si, dit avec orgueil Lesieur qui était le plus grand et le plus actif de tous : nous avons le saute-mouton qui est très amusant, seulement il est défendu parce qu'un de nos camarades sur le dos duquel on avait plombé trop fort est mort phtisique.

Begley laissa paraître une nuance de mépris sur sa figure.

— Nous avons aussi le cheval fondu.

Et Lesieur expliqua les beautés du cheval fondu.

— Jouons-y, dit Begley.

— Défendu aussi, mon cher ami, dit Hirne, petite tête de singe tourmentée et intelligente. Une maman est venue se plaindre l'autre jour parce que son chérubin de fils s'y était démoli la tête.

— Oh ! fit Begley, plus méprisant encore.

— Nous avons aussi la balle, continua Hirne, mais elle est défendue depuis que le neveu du directeur a eu l'œil au beurre noir pendant six semaines.

— Quant aux barres, fit Aubry qui n'avait encore rien dit, on les permet, mais seulement les jours où il ne fait pas trop chaud. On pourrait y attraper des fluxions de poitrine.

— All right, dit Begley. Je montrerai à vous comment les petits garçons s'amusent dans le Angleterre. Tenez-vous bien, Lesieur !

Lesieur prit une attitude ferme et reçut incontinent sur le sternum un formidable coup de poing qui le fit reculer.

— A votre tour !

Begley ne sourcilla pas et ne recula pas sous le coup de poing qu'il reçut à son tour.

— A moi ! à moi ! crièrent les autres.

Un cercle se forma autour des combattants. On était un peu humilié de la supériorité de l'English, mais on l'applaudissait tout de même.

— Attendez maintenant, dit Begley, quand il vit tant de monde réuni autour de lui. Ne bougez pas tous : je montrerai à tous comment la pot de fer vient à bout de la pot de terre. Attention !

Il se recula de quelques pas, prit son élan et tomba comme un boulet sur les élèves groupés pour lui résister. En trois coups de poing il dispersa ses adversaires. Ce jour-là la France fut vaincue par le Angleterre.

Mais il y a des défaites qui sont profitables aux vaincus. En moins de quinze jours Begley révolutionna l'école. Les élèves n'étaient plus comme avant son arrivée des petits cloportes studieux : ils travaillaient toujours pendant les classes, mais s'amusaient ferme pendant les récréations. Piffard consentit même à laisser acheter un ballon qu'on se renvoyait à coups de pied — un football un peu fantaisiste — mais qui n'en était pas moins amusant pour cela.

Begley était devenu l'arbitre de l'école.

Quand il avait dit : « Vous êtes un vrai Anglais, « a very Englishman », cet éloge, venant d'une bouche aussi autorisée, remplissait celui qui en était l'objet d'une joie profonde.

— Ah ! si tous les Anglais étaient comme celui-là ! disait Lecerf qui était sensible et naïf.

— Connais-tu les autres ? dit malicieusement Hirne.

— Non, c'est vrai, mais c'est égal, ils ont brûlé Jeanne d'Arc et emprisonné Napoléon.

— Est-ce une raison pour se battre avec eux jusqu'à la fin des siècles ? dit Lesieur avec véhémence. Alors il faut que j'en veuille aux Italiens parce que les Romains, leurs ancêtres, ont conquis la Gaule et décapité Vercingétorix !

Lecerf soupira et eut envie de pleurer sur la malheureuse destinée de Vercingétorix comme il pleurait sur celles de Jeanne d'Arc et de Napoléon. Mais il se contint et, pour montrer qu'au fond il n'en voulait pas à Begley, il lui serra la main avec effusion.

Begley était un bon garçon, mais ses maîtres ne le trouvaient pas toujours commode. Son culte pour les exercices physiques dégénérait souvent en brutalités et en violences : il battait les petits, comme c'est l'usage dans les écoles anglaises quand ils ne veulent pas être les domestiques des grands. Il était têtu et obstiné comme un bouledogue. Un jour que le professeur de mathématiques l'invitait — un peu sèchement — à refaire au tableau une démonstration qui ne marchait pas. Begley lui jeta au nez le torchon et alla droit et raide se rasseoir à sa place. Grand émoi comme on pense! tous les élèves blâmaient Begley et lui-même peut-être se blâmait plus que tous les autres.

Quand Piffard, appelé à la hâte, arriva, il se fit un profond silence dans la classe. Le professeur exposa le cas, mais sans passion, comme si cela eût été après tout naturel.

— Je regrette d'autant plus, dit-il en finissant, ce qui vient de se passer, que nous avions tous une profonde estime pour monsieur Begley et que sa présence ici, au milieu de tous ces enfants qui le traitaient comme un frère, était la meilleure preuve des rapports amicaux

IL TOMBA COMME UN BOULET SUR LES ÉLÈVES GROUPÉS POUR LUI RÉSISTER.

qui peuvent exister entre les Français et les Anglais.

Begley parut touché par ces paroles généreuses du professeur. Il se leva de sa place, descendit les gradins et tendant franchement la main à l'homme qu'il avait insulté :

— Pardonnez-moi, dit-il, je regrette profondément ce que j'ai fait.

— Bravo, Begley ! cria toute la classe.

Mais Begley, sans s'arrêter à cette manifestation sympathique, continua :

— Yes, je regrette et je suis prêt à payer.... Ce disant, il ôta son veston, puis son gilet.

— Que faites-vous, Begley ? s'écria Piffard scandalisé, au milieu des rires de toute la salle.

— J'ai mérité le fouet, riposta l'Anglais : je suis prêt à le recevoir. Chez nous on fouette les élèves qui se sont mal conduits. C'est une bonne coutume, une coutume anglaise. Je croyais qu'elle existait en France.

— Ici, nous ne fouettons pas les écoliers, dit Piffard avec une moue d'orgueil.

— Tant pis ! dit froidement Begley.

Il remit son veston, son gilet, et regagna sa place en sifflant l'air patriotique anglais : *Rule Britannia.*

Cet incident mit le comble à la gloire de Begley.

Hélas ! on allait bientôt le perdre. Le zèle même que ses amis mettaient à lui apprendre notre langue avançait l'époque de son retour en Angleterre. Son père voulut cependant qu'il passât encore les fêtes de la Noël en France et lui envoya un monstrueux plum-pudding, dont il voulut faire profiter toute l'école. Oh ! quel plum-pudding, mes amis ! C'était une véritable forteresse, maçonnée avec de la pâte et des raisins de Corinthe, un monument presque indestructible, comme seuls les Anglais savent en faire. Les petits Français se chargèrent cependant de le détruire, et Begley présida à la démolition. On parle encore à l'école de cette journée fameuse, qui fut *la journée du plum-pudding.* Outre le gâteau national anglais, il y avait des pâtisseries françaises plus légères qui soutinrent l'honneur de notre pays et que Begley déclara excellentes.

— Il y a du bon partout, dit-il, la bouche pleine, et nous sommes bien bêtes les uns et les autres de nous débiner sans nous connaître.

On voit que Begley commençait à connaître toutes les finesses du français.

— Oui, dit-il, quand je suis venu ici, je croyais que les Français mangeaient des grenouilles à tous leurs repas : je vois bien maintenant que je me suis trompé. Mes camarades me disaient, avant mon départ : « Tu vas chez les French dogs : eh bien ! mon vieux, tu reviendras vite. Ils n'ont pas de cœur, ils n'aiment pas leurs familles, ils sont légers, frivoles, bavards et paresseux. » Je ne dis pas, continua Begley, que vous n'êtes pas un peu bavards, mais pour le reste, mes compatriotes vous calomnient.

— Et nous calomnions tes compatriotes, dit Hirne. Ma foi, pour que tout cela cesse, il faudrait beaucoup d'Anglais en France comme Begley.

— Et beaucoup de Français comme vous en Angleterre, mes amis ! Mon père me disait un jour : « Vois-tu, petit, l'Angleterre est la meilleure cliente de la France. Comment se fait-il que ces deux nations qui ne sauraient se passer l'une de l'autre soient toujours à se chercher querelle ? C'est que, tout en commerçant ensemble, elles ne se connaissent pas suffisamment. Il ne suffit pas d'échanger ses volailles, ses œufs, ses charbons ou ses draps : il faut échanger aussi ses traditions, ses opinions, ses pensées. » Voilà ce que me disait mon père, et il avait raison. Qu'en penses-tu, Lecerf ?

— Oui, sans doute, répondit Lecerf en soupirant, mais il y a Jeanne d'Arc !

— Et il y a Crécy, il y a Poitiers, il y a Azincourt, il y a Waterloo. Et parce que nos ancêtres se sont battus, faut-il, comme le disait Lesieur, que nous nous battions ainsi jusqu'à la consommation des siècles ?

Begley était un peu excité : il avait arrosé son plum-pudding avec du rhum apporté en cachette par un externe et sa parole s'en ressentait. Lecerf ému jusqu'aux larmes s'écria :

— Non, non, il ne faut pas nous battre. Mais jamais je n'aurais cru que je pouvais avoir un Anglais pour ami. Et maintenant me voici prêt à crier : vive l'Angleterre !

— Et moi, dit Begley, je crie : vive la France ! Dans quelques jours je serai parti, mais je n'oublierai jamais votre hospitalité affectueuse et cordiale.

— Et nous, dit Lesieur gravement en lui tendant la main, nous n'oublierons pas non plus les leçons de fermeté, d'endurance, de dignité vraiment virile, que tu nous as données. Ah ! si les peuples pouvaient s'entendre, comme s'entendent aujourd'hui de simples écoliers !

— Patience, messieurs, dit Piffard, survenant à l'improviste et dont le nez se contracta en reniflant aux émanations caractéristiques du rhum, cela arrivera un jour, peut-être plus tôt qu'on ne le pense. Tout arrive en ce

« YES, JE REGRETTE ET JE SUIS PRÊT A PAYER... »

monde. En attendant, messieurs, allez vous coucher : la fête a assez duré et, malgré vos aspirations généreuses, elle pourrait dégénérer en orgie.

— C'est ce qui arrive quelquefois en Angleterre, dit Begley en obéissant sur-le-champ.

Quelques jours après il était parti; mais l'influence bienfaisante de son passage subsiste encore et subsistera longtemps sans doute dans l'école dont il a été l'élève pendant quelques mois.

CH. NORMAND.

Les Sous-Marins

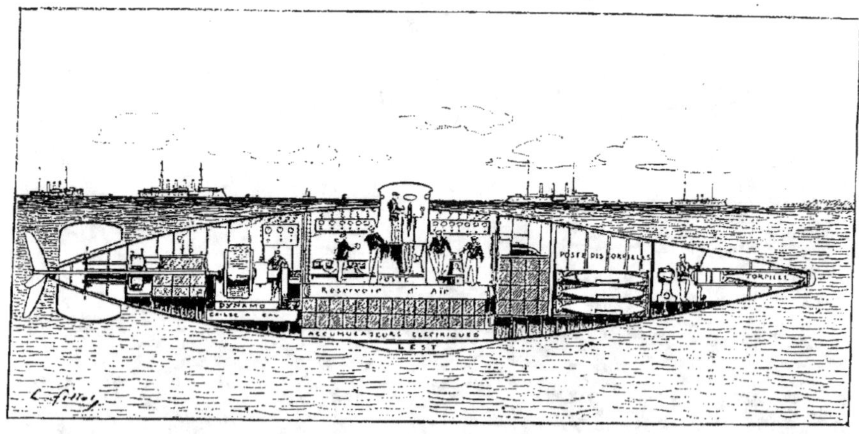

COUPE DU « GUSTAVE-ZÉDÉ ».

ON parle beaucoup des bateaux sous-marins. La marine française en possède une dizaine, ce qui fait qu'elle est à ce point de vue très en avance sur les marines étrangères qui, la marine américaine exceptée, en sont encore aux essais et aux tâtonnements.

Un sous-marin du type *Gustave-Zédé* est un petit bateau ayant la forme générale d'un cigare et qui, en temps ordinaire, peut flotter à la surface de la mer, à la façon des « petits bateaux qui vont sur l'eau ». Ils ne vont pas très vite, les sous-marins, même lorsqu'ils flottent, parce qu'il est impossible de loger une machine puissante dans un aussi petit espace. Songez, en effet, que ces bateaux n'ont guère qu'une vingtaine de mètres de longueur ! Cependant ils filent encore bien 6 ou 7 nœuds, même par une grosse mer, ainsi que l'a prouvé le *Narval*, lors de ses essais de Cherbourg-St-Malo et retour.

Comme les submersibles sont très bas sur l'eau, ils sont très difficiles à apercevoir de loin, tandis qu'eux voient très bien les cuirassés qui évoluent au large. Alors ils s'approchent sournoisement de l'un d'eux et, arrivés à bonne distance, ils remplissent d'eau certain réservoir, que vous voyez à l'arrière, sous la dynamo. Devenus plus lourds, ils s'enfoncent aussitôt, de façon à ne laisser sortir de l'eau qu'une sorte de petite tourelle munie de vitres et dans laquelle se trouve le pilote. Dans cette situation, même si le cuirassé menacé les aperçoit ils ne risquent à peu près rien, protégés qu'ils sont par l'épaisse couche d'eau qui les entoure. Il y en a même, comme le *Narval*, qui s'immergent complètement. Seulement,

l'immersion complète a un inconvénient : c'est qu'à quelques mètres sous l'eau, il ne fait pas très clair et le sous-marin s'y trouve comme au sein d'un épais brouillard. Dans ces conditions, il n'est pas rare qu'il manque le but qu'il veut atteindre.

Supposons que cela ne se produise pas et que le sous-marin arrive à bonne portée du cuirassé qui le gêne. Aussitôt, au moyen d'un tube spécialement construit pour ce genre d'opération et qui s'ouvre tout à fait à l'avant, il lance une torpille.

La torpille est un joujou bien ingénieux : c'est un tube d'acier, une sorte de sous-marin en miniature, avec machine actionnant une hélice, et bourré d'une substance explosible puissante comme le fulmi-coton, par exemple. Sous l'action de son hélice, la torpille nage entre deux eaux dans la direction où elle a été lancée. Si elle atteint le cuirassé, elle éprouve un choc qui fait partir un déclanchement. Un percuteur s'abat sur une amorce qui enflamme la substance explosive et la torpille saute en projetant en l'air et sur le cuirassé une véritable trombe d'eau. Quant au cuirassé lui-même, il ne saute pas : il fait exactement le contraire, il *coule*.

Quand le sous-marin s'aperçoit qu'il a réussi et que le monstre de fer s'enfonce dans la mer avec ses 700 ou 800 hommes d'équipage, il fait machine en arrière, remonte heureux et satisfait, à la surface, en vidant ses caisses à eau au moyen de pompes énergiques, respire un brin, puis replonge afin d'aller recommencer ailleurs ses petits exercices.

C'est charmant !

G. COLOMB.

La Vallée du Jourdain

Au train dont vont les choses, il n'y a pas à douter que Jérusalem n'ait avant peu son Métropolitain, Bethléem ses Bouillons Duval, et la mer Morte une guirlande de petits trous pas chers agrémentés de casinos. Voulez-vous, avant que des tramways électriques ne traversent la vallée du Jourdain, que nous la visitions comme on le faisait il y a quelques années encore, c'est-à-dire à cheval, accompagnés d'un guide et escortés d'un Bédouin, dont la longue carabine et le cimeterre redoutable sont destinés à en imposer aux tribus en marche que l'on pourrait rencontrer?

Après avoir longé le Cédron pendant vingt minutes, nous le franchissions et passions en vue du couvent de Nebi-Moussa où est le tombeau de Moïse. Là, nous trouvons enfin la plaine. Nos chevaux, heureux de voir devant eux l'espace libre, se mettent au galop, et c'est pendant une demi-heure une course vertigineuse. La route serpentait alors entre des broussailles, des roseaux, et une multitude de plantes grasses qui se plaisent dans ce terrain chaud et salé. Une odeur de soufre nous annonçait le voisinage de la mer Morte. En ce moment nous aperçûmes une troupe de ga-

ROUTE DE JÉRUSALEM A JÉRICHO.

Le voyage sera moins rapide mais plus pittoresque et notre petite caravane sera plus en harmonie avec la tristesse sauvage du décor.

Donc, nous étions trois cavaliers qui, armés de pied en cap et bien décidés à vendre chèrement une vie que personne ne songeait à nous acheter, chevauchions de concert sur la route de Jérusalem à la mer Morte. Quand je parle de route, c'est par une vieille habitude d'Occidental. La route que nous suivions se composait d'une série de petits sentiers cailouteux qui le plus souvent sautaient de roche en roche et nous forçaient à sauter avec eux.

Nous avions quitté Jérusalem la veille, fait un détour par Bethléem, passé la nuit au couvent grec de Saint-Sabas, une forteresse capable de subir un siège de plusieurs mois, et à trois heures du matin, nous nous étions mis en selle.

zelles qui s'enfuit, à notre approche, dans la direction de Jéricho; Sari, notre Bédouin, se mit à leur poursuite, leur lâcha un coup de fusil et revint bredouille. Il se vengea cinq minutes plus tard sur une malheureuse perdrix qui se leva, en compagnie de beaucoup d'autres, de dessous les pieds de nos chevaux.

La mer Morte, ou lac Asphaltite, a vingt lieues de long sur quatre de large en moyenne. L'eau est limpide, mais gluante, et elle s'attache à la peau comme de l'huile ; il a été reconnu, à l'analyse, qu'elle contenait un quart de son poids de substances salines.

Les Arabes prétendent que l'on voit encore de temps en temps, au fond du lac, les ruines des cinq villes coupables qui y furent englouties. Malgré l'appréhension bien naturelle que j'éprouvais de piquer une tête sur une terrasse de Sodome ou de Gomorrhe, je descendis de cheval et pris un bain dont mes membres fatigués avaient grand besoin. Sur cette eau lourde, le corps surnage comme un morceau de liège et l'on ne saurait y plonger à une certaine profondeur. Un père franciscain de Jérusalem m'avait raconté que, se baignant un jour dans la mer Morte, il lui avait pris fantaisie de s'attacher au pied un poids de trois kilos, malgré lequel il avait pu rester à la surface sans faire aucun mouvement. N'ayant pas un poids de six livres à ma disposition, je ne renouvelai pas l'expérience, mais une fois dans l'eau, je pus constater qu'avec la meilleure volonté du monde, il serait impossible de s'y noyer. Après un bain de quelques minutes, je m'habillai à la hâte, puis remontant à cheval avec mes deux Arabes, nous galopâmes jusqu'au Jourdain; car il est nécessaire, en sortant de la mer Morte, de prendre dans le fleuve un second bain pour se débarrasser des efflorescences de sel dont la peau est couverte.

Après une marche de quarante minutes environ, nous arrivâmes à un petit bois de baumiers, de tamarins, et autres arbustes dont les branches s'étendaient sur le Jourdain et le cachaient entièrement à nos yeux. Rien de plus frais, rien de plus gracieux que les rives du fleuve en cet endroit. Nous choisîmes pour notre halte une jolie oasis où la rive moins escarpée nous permettait de descendre sur le bord de l'eau. Que de légendes, du reste, m'engageaient à choisir cet endroit où s'arrêtent tous les pèlerins qui viennent visiter le grand fleuve des Hébreux! C'est là, à cette place même, que la tradition place le baptême du Christ par saint Jean; c'est là que les eaux du Jourdain se divisèrent pour laisser passer Josué, suivi de tout le peuple d'Israël, lors de son entrée dans la Terre Promise. Le fleuve à cet endroit a tout au plus trente mètres de largeur, mais il est assez profond et son courant est très rapide.

Il était dix heures; un appétit aiguisé par deux bains successifs et avivé encore par le souvenir de la perdrix tuée le matin me fit sortir de l'eau plus tôt que je n'aurais voulu. Je me rappelai alors mes anciennes fonctions de chef d'escouade, et, envoyant l'un de mes hommes à l'eau, l'autre au bois, je me mis moi-même à plumer la perdrix, qui ne s'attendait pas, trois heures avant, à l'honneur d'être mangée par un Français.

Nous quittâmes à regret les bords du Jourdain.

Devant nous s'ouvrait une vaste et belle plaine, couverte de figuiers et de citronniers. Après un temps de galop, nous arrivions auprès de quelques huttes en pierres sèches et en branchages, d'un aspect tout à fait misé-

rable : c'était Jéricho. Sari ne voulut pas nous laisser traverser le pays sans nous présenter à son père qui n'était rien moins que le cheik ou gouverneur de la tribu.

Le palais du cheik était une espèce de cour, sale à faire plaisir, et entourée d'une forte haie de broussailles; au milieu était un réservoir d'eau auquel bêtes et gens venaient s'abreuver. A côté de ce réservoir, à l'ombre d'un beau citronnier dont les branches les plus basses baignaient dans l'eau, sur une natte recouverte d'une chose sans nom qui jadis avait dû être un tapis, se tenait gravement accroupi le cheik, vieux Bédouin à la figure plus féroce qu'intelligente. Il me fit apporter le café et le narguilhé de rigueur, et, comme entre gens qui ne parlent pas la même langue la conversation ne saurait être bien longue, je commençais à me livrer à des réflexions variées, quand des cavaliers entrèrent dans la cour, amenant au milieu d'eux un nègre et une négresse. Mon guide me fit signe de rester où j'étais, et m'avertit que j'allais être témoin d'un spectacle nouveau pour moi. La cour, en effet, venait d'être transformée en prétoire, le cheik en président du tribunal, et les curieux en juges. Il s'agissait d'une pauvre petite négresse que le Bédouin voulait épouser malgré elle, et qui venait réclamer justice et protection. Elle avait douze ans, une figure douce, de grands yeux noirs et tristes. Le cheik la fit placer devant lui et l'interrogatoire commença. Le spectacle ne manquait pas d'originalité. Le réservoir qui se trouvait là étant le seul qui existât dans le pays, la séance était interrompue de temps en temps par l'arrivée d'un chameau, ou d'un mouton, ou d'un cheval monté par un enfant, lesquels venaient sans façon s'y désaltérer, après quoi nous y puisions à notre tour et pour notre compte avec un gobelet de fer-blanc. Le cheik posait ses questions lentement et gravement, l'accusé répliquait avec une violence de gestes extraordinaire; puis, au bout d'un instant, sur un signe du juge, un Bédouin s'approcha du nègre et lui mit les fers aux pieds, tandis qu'on emmenait la petite négresse, qui n'avait cessé de pleurer. Après quoi la discussion continua, vivement de part et d'autre, mais sans colère, juges et condamné buvant un café éternel et fumant des cigarettes qui semblaient renaître de leurs cendres. Je dois ajouter, quoiqu'il en coûte à mon amour-propre de faire un tel aveu, que tous ces Bédouins ne parurent pas un seul instant s'apercevoir de la présence d'un Européen parmi eux.

Cependant le soleil allait disparaître. Or le coucher du soleil c'est la nuit, dans ces pays où le ciel n'a pour ainsi dire pas de crépuscule. Je donnai le signal du départ, et nous nous mîmes en route. A Béthanie, Sari, dont la protection nous est désormais inutile, nous quitte pour rejoindre sa tribu. Puis, après avoir contourné la montagne des Oliviers, longé le jardin de Gethsémani, nos chevaux oubliant leurs quinze heures de marche et les cent kilo-mètres qu'ils ont dans les jambes franchissent en deux bonds la vallée de Josaphat et escaladent au galop le rocher presque à pic sur lequel se penche la ville sainte.

Jean Sigaux.

Finette, Jacasse et Bobonne.

L'orage était passé !

Un grand vent, venu du Sud avec des sifflements de tempête, avait courbé la haute cime des sapins, cassé les branches des vieux pommiers moussus, et jonché la grande allée de débris de feuilles et de ramures.

Les mains dans ses poches, le peintre se promenait tout en fumant sa pipe. Il examinait les désastres de la nuit. Le mal était moins grand qu'il ne l'aurait cru. Quelques arbres fruitiers, déjà vénérables, avaient été arrachés, tordus par l'ouragan. La vieille girouette de fer, enlevée de son toit, gisait à ses pieds. Enfin, c'était réparable.

Il rentrait, satisfait de sa tournée, lorsqu'un objet informe qui se confondait au sol faillit le faire trébucher.

— Tiens, qu'est-ce que cela ?

Et, se baissant, il vit un nid, tombé d'un des grands arbres du parc, un nid, garni de cinq petites pies. Leur corps grêle, couvert d'un duvet naissant, paraissait disproportionné à côté de l'immense bec toujours ouvert.

Le peintre, vieux garçon charitable, regarda le nid avec pitié, puis le ciel qui était maintenant bleu et seulement balayé par ci par là de quelques nuages. Il n'y découvrit ni le père, ni la mère des oisillons. Alors, comprenant qu'ils étaient tout à fait abandonnés, il prit le nid et l'emporta dans son atelier. Il avait charge de famille !

Entre ses chevalets et ses vieilles toiles, il leur fit une petite case. Là, tous les jours il leur donnait la becquée. Au bout d'un bâton, il leur mettait des morceaux de viande crue, et chaque pie s'en régalait à son tour, pendant que les autres poussaient des cris discordants.

Deux d'entre elles, plus délicates que leurs sœurs, succombèrent. Quant aux trois autres, elles avaient grand désir de vivre, et devenaient de plus en plus criardes. Toute la journée, leur ramage égayait l'artiste : il leur parlait, leur apprenait à dire bonjour ; parfois, pris d'un accès de gaieté, il leur sifflait ses airs favoris :

> As-tu vu la casquette, la casquette,
> As-tu vu la casquette du père Bugeaud ?

L'une, qui avait l'air rusé avec un regard de côté, s'appela Finette ; la plus bavarde se nomma Jacasse, et l'autre Bobonne.

Finette, Jacasse et Bobonne grandissaient dans l'atelier de leur ami ; un jour vint où elles sortirent du corbillon qui leur servait de nid, puis de leur case, et elles établirent leur quartier général sur un vieux bahut, où elles recélaient quantité de larcins.

Finette surtout trouvait des choses extraordinaires : morceaux de verre, fragments de pipes, vieux godets, même couleurs à l'huile, dont le tube brillant l'attirait. Jacasse chantait et reprenait avec le  peintre le refrain de la retraite, tandis que Bobonne, plus câline, se promenait sur les épaules, les bras, et même se juchait sur la tête du peintre.

Quand il les jugea bien apprivoisées, leur maître pensa leur donner la clef des champs.

— Allons, Finette, Jacasse, Bobonne ! Vite, les petites ! on va se promener !

Toute grande ouverte, la porte de l'atelier leur faisait apercevoir des horizons inconnus : les sapins, les arbres où s'était trouvé leur nid.

— Coua ! Coua ! firent-elles étonnées, étourdies d'air et de soleil.

— Allons, les petites, disait le peintre, allons prendre l'air ! Nous rentrerons tout à l'heure !

Voyant qu'elles ne bougeaient pas, il prit Bobonne sur son doigt, regarda d'un air engageant Jacasse et Finette, tout en s'éloignant dans la grande allée.

Bobonne enchantée ouvrait les ailes, becquetait la main de son ami. Elle essaya quelques envolées. Il y avait d'autres oiseaux dans les branches et Bobonne, ravie, entendait les notes joyeuses d'un pinson.

Le peintre s'amusait de son manège ; il en oubliait de fumer sa pipe. Tout à coup, deux zébrures noires tracèrent leurs zigzags dans la limpidité du ciel, et un cri guttural arracha le peintre à sa contemplation.

— Jacasse ! Finette ! cria-t-il.

C'étaient bien elles ! De toute la vitesse de leurs ailes novices, elles se dirigeaient vers le petit bois.

— Jacasse ! Finette ! Ici ! appelait l'artiste, et il courait emportant Bobonne vers le malheureux bois où, une fois entrées, les deux pies seraient bien perdues pour jamais.

Elles allaient plus vite que lui ; à présent quatre ou cinq lignes noires rayaient le ciel : d'autres pies s'étaient jointes à elles, faisaient connaissance, et tout le bataillon filait de plus belle. Lorsque, rouge, exténué, le pauvre peintre arriva aux confins du bois, il s'assit, ou plutôt se laissa choir sur un banc.

— Finette ! cria-t-il.

Ce fut Jacasse qui lui répondit en sifflant :

As-tu vu la casquette, etc.

— Vilaine ! Viens ici ! Allons, Jacasse, ma petite !...

Mais, en haut de son arbre, Jacasse sifflait toujours, hors d'atteinte. C'était comme une bravade ! Finette volait d'une branche à l'autre, son œil rusé fixé sur Bobonne, qui picotait la terre à côté de son maître. Ensuite, toutes deux s'enfuirent à tire d'ailes, tandis que la brise apportait de loin en loin, à peine distincts, des fragments d'air : As-tu vu, etc.

Cette noire ingratitude navra le cœur du peintre.

— Partons, fit-il en regardant Bobonne, à moins que toi aussi, tu veuilles me quitter...

Le quitter ! Bobonne n'y songeait guère ! Elle se remit sur son épaule et ils refirent doucement la route du logis. Le peintre pensait amèrement à cet oubli des bienfaits et se disait :

Il est bon d'être charitable :
Mais envers qui ? C'est là le point.

Bobonne, comme pour répondre à sa pensée, le becqueta gentiment. Certes, avec elle, il ne récoltait pas l'ingratitude. Aussi, il la gâta de plus en plus et elle fut sa compagne fidèle, désormais.

BIBIANE.

Les Récréations de Tom Tit

Enlever d'une assiette, sans la toucher, une pièce de 50 centimes.

C'est un bol ordinaire qui permet de résoudre ce problème.

Mettez la pièce de 50 centimes au milieu d'une rondelle de papier, dont le diamètre sera un peu plus petit que celui du bol. On peut prendre, à la place du bol, un verre, une timbale, etc. Le papier portant la pièce étant mis dans l'assiette, recouvrez-le avec le bol. Prenez le pied de ce bol dans votre main, enlevez le bol brusquement ; vous produisez une aspiration d'air qui enlève la feuille de papier et la pièce, et celle-ci retombe en dehors de l'assiette, si vous avez eu soin d'enlever le bol non pas verticalement, mais dans une direction un peu oblique.

Cette amusante récréation vient nous rappeler en petit le phénomène des *trombes* dans lesquelles l'aspiration verticale de l'air de bas en haut suffit pour soulever la mer en cônes immenses, ou pour déraciner des forêts entières.

L'expérience ci-dessus fait partie d'un très curieux et très amusant volume que notre collaborateur Tom Tit vient de publier sous le titre : *La Récréation en famille*.

Laissons-les dormir. — Laissons dormir les enfants, c'est la conclusion qui s'impose après l'enquête qu'une commission d'hygiénistes a faite dernièrement en Suède, et de laquelle il résulte que les écoliers à qui il n'est pas accordé un sommeil suffisant gagnent (si on peut se servir d'un tel mot en cette circonstance) 25 °/₀ de maladies en plus que les autres.

Mais quelle est la moyenne du sommeil nécessaire pour les enfants qui étudient? La voici :

Pour les enfants de 4 ans : 12 heures.

Pour les enfants de 7 ans : 11 heures.

Pour les enfants de 9 ans : 10 heures.

Pour les enfants de 12 à 14 ans, de 9 à 10 heures.

Pour les jeunes gens de 14 à 21 ans, de 8 à 9 heures.

Que les parents prennent bien note de ces chiffres. L'anémie, l'appauvrissement du sang, la faiblesse, sont dus souvent à un sommeil insuffisant.

Œuvres de bienfaisance pour animaux. — Sous ce titre la revue *le Correspondant* nous donne de curieux détails sur les soins qu'il est possible de donner aux animaux. Qu'on en juge.

A Londres, on a mis une jambe de bois à une vache qui s'était cassé la jambe de derrière au jarret; on a fait l'amputation des deux pattes de devant à un chien, aujourd'hui invalide et qu'on peut voir sauter comme un kangourou.

Un dentiste fit mieux encore. Un dogue de petite race, qu'il possédait, perdit toutes ses dents et commença à dépérir, car le régime de viande hachée menu, auquel il était astreint, ne convenait point à son estomac. Le dentiste eut l'idée ingénieuse de lui poser un râtelier. Il endormit la bête au chloroforme, et, après avoir recouvert les gencives d'une épaisse feuille de platine qui les rendait plus résistantes, il plaça à son dogue un dentier de vingt-quatre petites dents. Deux heures après, le chien put manger une côtelette de mouton, os et chair.

Un vétérinaire de Worting, en Angleterre, a même été assez habile pour placer à un chien un œil en verre; l'opération était délicate et a parfaitement réussi.

Les singes voyageurs. — Que doivent payer les singes voyageurs, j'entends les singes que leurs maîtres emmènent avec eux en voyage?

Il paraît que la question n'est pas facile à résoudre et que les diverses administrations de chemins de fer ne s'entendent guère à ce sujet. Voici en effet l'aventure arrivée à un singe que vient de rapporter en Allemagne, depuis le Maroc, un brave Wurtembergeois :

De Tanger à Gênes, le chien voyagea gratis. En Italie, jusqu'à la frontière suisse, on lui appliqua le tarif... d'un oiseau, soit 1 fr. 50. Sur le chemin de fer du Gothard, il fut considéré comme un chien et paya 8 fr. 40. Sur la compagnie suisse de l'Est, il devint une malle de voyageur, au tarif de 0 fr. 80, et, sur les lignes badoises, il fut assimilé à une valise à main, exempte ce droits. On le taxa encore à titre de chien sur le réseau wurtembergeois.

On ne dit pas ce que le singe a pensé de toutes ces chinoiseries.

Précocité. — L'histoire nous arrive en droite ligne d'Amérique, elle vient donc de loin, de si loin que nous n'irons pas vérifier si elle est bien exacte.

Le record du jeune âge en matière de délit, nous apprend-on, vient d'être tenu par un jeune bambin de quatre ans, qui a comparu devant le tribunal de police de Butler street, à Brooklyn, sous l'inculpation de... tapage nocturne.

Mais le plus extraordinaire, c'est que le juge devant lequel il fut amené, ne l'ayant pas encore regardé, lui a posé machinalement cette question :

— Êtes-vous marié?

A la réponse négative faite par une voix enfantine, le magistrat releva la tête et acquitta le délinquant sans plus ample formalité.

Au restaurant.

Un client, grimaçant et furieux, repousse violemment une salade à laquelle il vient de goûter.

— Garçon, quel horrible liquide avez-vous mis là-dedans?

— Mais, monsieur...

— Quand on sert une huile pareille, on donne la lampe avec.

RÉPONSES A CHERCHER

Question géogaphique.

D'où vient le nom de Louisiane, qui est celui d'un des Etats-Unis d'Amérique?

Questions de langue française.

Dans les phrases suivantes, remplacez par un adjectif les mots en *italique* :

1. Un paysage des *Alpes.* — Un dîner *à la campagne.* — 3. Une statue *représentant un homme monté sur un cheval.* — 4. Un voyage *à pied.*

Casse-tête.

A chacun des neuf mots suivants, ajouter une lettre, de manière à former par anagrammes neuf prénoms. Les neuf lettres ajoutées devront donner, en suivant l'ordre des mots, un prénom féminin :

Reine, rien, mare, celui, lie, Oise, lime, raide, gala.

RÉPONSES AUX QUESTIONS DU N° **156**

I

Réponse : Un.

rives	et	un	font	univers.
raie	—	un	—	Uranie.
Grèce	—	un	—	urgence.
ré	—	un	—	urne.
la	—	un	—	alun.
ode	—	un	—	nœud.
légère	—	un	—	engelure.
folie	—	un	—	fenouil.
tare	—	un	—	nature.
Eve	—	un	—	neveu.

II

Rosse. — Crosse. — Brosse.

Paris. — E. KAPP, imprimeur, 83, rue du Bac.

Le Gérant : MAURICE TARDIEU.

La poupée martyre.

Terribles aventures de Mam'zelle Jeanneton.

Une poupée bien malheureuse, c'est la pauvre mam'zelle Jeanneton. Sa petite mère a deux touche-à-tout de frères qui lui font souvent jouer des rôles désagréables, comme, par exemple, celui de la femme de Barbe-Bleue.

La pauvre mam'zelle Jeanneton connaît tous les malheurs possibles; comme on joue à l'explorateur, elle est enlevée par une bête féroce.

Un des polissons l'entraîne dans une pièce écartée et lui dessine d'horribles moustaches noires qui indignent tellement leur sœur...

Que les méchants, sous prétexte d'ôter ce noir qui la tourmente, s'avisent de plonger la pauvre Jeanneton dans une eau glacée, où de monstrueux requins rouges veulent dévorer la pauvrette.

La poupée martyre a une telle épouvante, qu'avec la peinture toutes ses jolies couleurs s'en vont. L'un des touche-à-tout juge bon, pour remédier à cette pâleur, de transformer Jeanneton en négresse.

La poupée martyre ne résista pas longtemps à ces noirs tourments; un jour on joua à l'accident de chemin de fer, elle dut remplir le rôle de la victime, ce qui mit un terme à tous ses maux et à sa triste existence.
La justice informe.

CONCOURS ENTRE DESSINATEURS

Ainsi que nous l'avons annoncé dans le n° 104 du *Petit Français illustré*, nous avons ouvert un Concours auquel nous convions tous les dessinateurs, aussi bien amateurs que professionnels, et qui a pour objet l'exécution d'une image en couleur, **genre Epinal**, morale et amusante.

Cette image, dessinée à la plume et dans les proportions d'une page du *Petit Français illustré*, devra se composer de six scènes.

Le Concours sera clos le 15 janvier 1902.

Trois prix de 100 francs seront alloués aux projets classés 1, 2 et 3. Ces projets appartiendront au journal, qui les publiera à son heure. En dehors de ces trois images primées, le *Petit Français illustré* se réserve de traiter avec les dessinateurs dont les envois lui paraîtraient susceptibles d'être publiés.

Le jury institué pour la désignation des prix comprend les noms suivants :

MM. Jules Payot, docteur ès-lettres, directeur du *"Volume"*, journal des instituteurs et des institutrices.

Charles Gras, député de Paris.

Mucha, artiste peintre.

A. Robida, artiste peintre.

Christophe, auteur de la *Famille Fenouillard*.

Et le Comité de rédaction du *Petit Français illustré*.

La composition de ce jury est un honneur pour le *Petit Français illustré* qui exprime ici toute sa gratitude aux personnalités éminentes qui ont bien voulu accepter la charge d'en faire partie.

Elle est, de plus, pour les dessinateurs qui prendront part au concours, une garantie que leurs envois seront examinés, à tous les points de vue, avec une autorité et une compétence indiscutables.

ÉTRENNES 1902

Nous invitons les abonnés et lecteurs du *Petit Français illustré* à se reporter à la page 4 du présent supplément. Ils y trouveront l'annonce de *romans historiques pour la jeunesse* bien faits pour les intéresser.

L'Œuvre mutualiste de la **DOTATION de la JEUNESSE DE FRANCE**, fondée en 1895, rue de Grenelle, 71, à Paris, et qui compte plus de 200,000 enfants inscrits, accorde une modeste dotation au jeune sociétaire qui aura régulièrement acquitté pendant dix années ses cotisations. Les enfants peuvent être inscrits par leur père, mère, tuteur ou donateur. Ils peuvent être inscrits pour une, deux, trois, quatre ou cinq parts au maximum. Ils doivent verser un droit d'entrée de 1 fr. par part. Ils payent une cotisation mensuelle de 50 centimes par part. La dot est payée au mariage ou à la majorité de la jeune fille ; au jeune homme, à l'expiration de son service militaire. Les parents ou donateurs ont intérêt à faire inscrire leurs enfants dès le plus jeune âge, la dot s'augmentant au prorata des années de sociétariat. Une caisse de réserve sert à payer les cotisations des enfants devenus orphelins après cinq ans de sociétariat.

Pour les renseignements s'adresser rue de Grenelle, 71.

« RESTE AVEC NOUS ! »

LA ROUE DU MOULIN.

Histoire d

Nous publions, à l'intention des plus jeunes de nos lecteurs et de nos lectrices, ces dessins
tous, même les plus grands, y verront matière à exercer leur talent de coloristes, et pourront, e
de véritables petits tableaux.

LA VILLE.

PAUVRE GOUTTE D'EAU !

e d'eau.

d'une petite histoire qu'ils trouvèront tout au long à la page 12 du présent numéro. Mais
ème page 12, s'inspirer de la façon dont il faut s'y prendre pour transformer ces images en

Récits Historiques pour la Jeunesse
LES BARDEUR-CARBANSANE
HISTOIRE D'UNE FAMILLE PENDANT CENT ANS
PAR JACQUES NAUROUZE
Illustrations PAR MOULIGNIÉ ET M. LECOULTRE
Chaque Volume forme un tout indépendant
VI. AUTOUR D'UN DRAME - 1827
VII. FILS DE BOURGEOIS - 1848
IV. L'OTAGE - 1808
V. SÉVERINE - 1814
II. FRÈRES D'ARMES - 1776
III. A TRAVERS LA TOURMENTE - 1789-1793
I. LA MISSION DE PHILBERT - 1757
GENEVIÈVE
VICTOR HUGO
FLORIS
JEAN MARIE
WANDA
ROLAND BARDEUR
J. MAJOR & SON FILS
DAME TABERNE
DIES IRAE
LIONEL
HORACE
SÉVERINE
WASHINGTON
LAFAYETTE
LES FRÈRES D'ARMES
BÉRANGÈRE
DANTON
SIMÉON
LES JUMEAUX
CHARDIN
PHILBERT

Ainsi que nous l'avons annoncé dans le n° 104 du *Petit Français illustré*, nous avons ouvert un Concours auquel nous convions tous les dessinateurs, aussi bien amateurs que professionnels, et qui a pour objet l'exécution d'une image en couleur, **genre Épinal**, morale et amusante.

Cette image, dessinée à la plume et dans les proportions d'une page du *Petit Français illustré*, devra se composer de six scènes.

Le Concours sera clos le 15 janvier 1902.

Trois prix de 100 francs seront alloués aux projets classés 1, 2 et 3. Ces projets appartiendront au journal, qui les publiera à son heure. En dehors de ces trois images primées, le *Petit Français illustré* se réserve de traiter avec les dessinateurs dont les envois lui paraîtraient susceptibles d'être publiés.

Le jury institué pour la désignation des prix comprend les noms suivants :

MM. Jules Payot, docteur ès-lettres, directeur du " *Volume* ", journal des instituteurs et des institutrices.

Charles Gras, député de Paris.

Mucha, artiste peintre.

A. Robida, artiste peintre.

Christophe, auteur de la *Famille Fenouillard*.

Et le Comité de rédaction du *Petit Français illustré*.

La composition de ce jury est un honneur pour le *Petit Français illustré* qui exprime ici toute sa gratitude aux personnalités éminentes qui ont bien voulu accepter la charge d'en faire partie.

Elle est, de plus, pour les dessinateurs qui prendront part au concours, une garantie que leurs envois seront examinés, à tous les points de vue, avec une autorité et une compétence indiscutables.

Supplément au **Petit Français illustré**, *N° 107, du 14 décembre 1901.*

LA VEILLEUSE

Construction.

C'est une veilleuse, une simple mais charmante veilleuse.

Pour la construire, aimables lectrices, découpez soigneusement le contour du dessin, pliez-le à l'endroit des lignes pointillées et collez bout à bout les deux extrémités.

Vous avez peut-être chez vous un de ces petits récipients pour veilleuse contenant de l'huile, semblable à celui qui est dessiné dans le bas de la planche. Si vous n'en avez pas, pour une somme infime vous en trouverez dans un bazar quelconque. Vous l'entourerez, allumé, de votre veilleuse construite, vous placerez le tout sur un meuble, et... vous vous endormirez.

Bonne nuit !...

M.

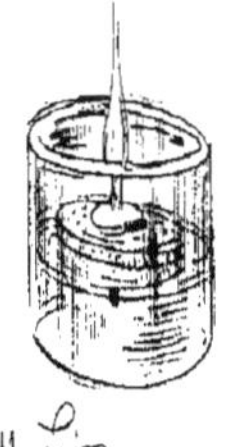

LA VEILLEUSE

FLEURS EN PAPIER. — Planche VIII
Conseils

15. — COQUELICOT

Pliage et découpage. — Faites une boulette d'ouate : *f. 1.* ; placez-la dans la boucle d'une tige de fil de fer de 15 cm. de long, à peu près, *f. 2.* Tordez le fil de fer pour maintenir le coton. Ensuite, recouvrez cette boulette de papier vert, serrez la base de ce papier avec un peu de fil, *f. 3.* Passez ensuite autour de cette boule du fil noir disposé comme l'indique la *f. 4.* Puis fixez tout autour, au moyen de fil de fer ou de simple fil, des brins de gros fil noir ciré, et terminés par des nœuds. Voilà le cœur de la fleur, *f. 5.*

Pour la corolle, découpez un carré de papier rouge de 8 cm. de côté. Pliez en 2, *f. 6 ;* puis en 4, *f. 7,* et découpez suivant la *f. 8* qui donne le patron en grandeur naturelle.

Construction. — Passez la tige au centre de cette corolle, serrez la base avec du fil fin. Formez avec votre pouce une légère concavité au milieu de chaque pétale et terminez en enroulant autour de la tige une bande de papier vert d'environ 1 cm. de largeur, *f. 9.*

Nuances du papier. — Rouge vif pour la corolle, vert pour le cœur et la tige.

16. — CHRYSANTHÈME TUBULEUX

Pliage et découpage. — Prenez un carré de papier de 8 cm. de côté. Pliez-le en 2, *f. 1* ; puis en 4, *f. 2* ; puis en 8, *f. 3* ; puis en 16, *f. 4.* Découpez suivant le patron *f. 5.* Dépliez et placez cette corolle sur la paume de la main, puis avec le dos de la lame d'un couteau, ou avec un couteau de papier, appuyez au milieu de chaque dent, dans le sens de la longueur, de manière à former un petit tube avec cette dent, *f. 6.* Pour réussir, il faut glisser la lame de droite à gauche. Percez un trou au centre. Opérez sur 19 autres carrés de même dimension.

Pour le calice, prenez un carré de papier vert de 4 cm. de côté. Pliez en 16, comme pour la corolle et découpez suivant le patron, *f. 7.* Dépliez et percez un trou au centre.

Construction. — Prenez une tige de fil de fer d'environ 15 cm. de long. A une extrémité, fixez une boulette d'ouate. *f. 8.* Passez la tige au centre d'une des corolles. Enveloppez la boulette avec cette corolle relevée, en tordant une fois cette dernière au-dessus du coton, *f. 9.* Placez ensuite les 19 autres, en alternant, c'est-à-dire qu'à l'une, les fentes des tubes sont au-dessus, et à l'autre, au-dessous. Placez le calice en serrant contre la boule et terminez en recouvrant la tige de papier vert.

Nuances du papier. — Blanc, jaune, rose, orange, brun, pour la corolle ; vert pour le calice et la tige.

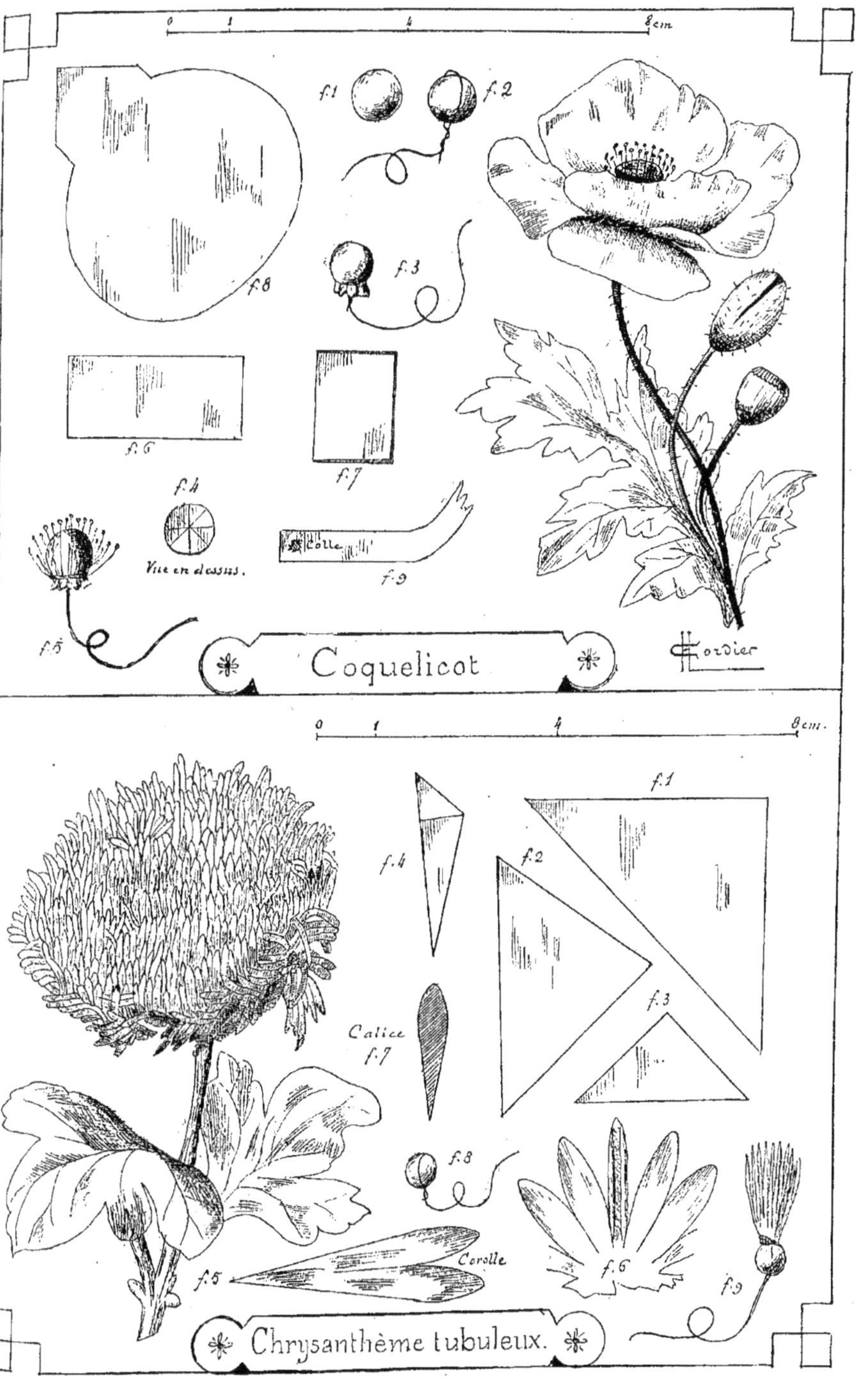
f.1
f.2
f.3
f.8
f.6
f.7
f.4
Vue en dessus.
Colle
f.9
f.5
Coquelicot
Cordier
0 1 4 8 cm
0 1 4 8 cm
f.4
f.1
f.2
f.3
Calice
f.7
f.8
f.5
Corolle
f.6
f.9
Chrysanthème tubuleux.

UNE DRÔLE DE FERME

Boucherie de Village

Construction pour les fillettes

Toute la planche doit être collée sur un carton bristol.

Les languettes de papier limitées par du pointillé doivent être collées sur les petites surfaces entourées de pointillé et dessinées sur le rectangle servant de base : I, G, H, E, C, B, F, A, A.

d'un côté, à angle droit, et ce pli sera collé derrière le cadre de face de la construction. Ces carrés seront également collés sur les parties blanches pliées à angle droit à droite de la boutique et à gauche du groupe de maisons ; ils maintiendront le tout avec rigidité

Les 2 surfaces noires de la porte et de la fenêtre seront découpées et enlevées. D, au bas de la porte d'entrée de la boucherie, sera rabattu en arrière, à angle droit et servira de support à la grosse marchande.

Fixer à droite et à gauche de la construction et au milieu de la hauteur totale deux carrés de carton mince de 4 centimètres de côté. On les pliera légèrement

Le dessin d'ensemble montre exactement l'aspect de ce coin de village, de cette modeste boucherie campagnarde, où pendent d'appétissants morceaux de viande fraîche. Monsieur Aloyau est sorti ; c'est sa femme qui reçoit et sert les pratiques. Il est en train d'abattre quelque malheureux mouton ou quelque veau que, demain, les habitants du village croqueront à belles dents.

Une Boucherie de Village

Les Déguisements

Nous sommes en plein dans la saison des petites réunions de famille. Nous pensons être agréables aux garçons et fillettes en leur donnant ci-contre quelques modèles de *déguisement* qui leur permettront de vivre un moment une vie imaginaire et en même temps de causer des surprises réjouissantes à leurs petits amis, voire à leurs parents quand ces derniers ne seront pas dans le secret. Ces petits accoutrements de fantaisie, du reste, ne parviendront pas à déguiser leur âme qui, même sous les dehors du coq orgueilleux ou du brigand féroce, restera toujours simple et douce. C'est du moins la grâce que nous leur souhaitons.

LIBRAIRIE ARMAND COLIN, Rue de Mézières, 5, PARIS.

Les Maîtres de la Peinture, 40 reproductions en couleur de Tableaux célèbres des Musées de Rome, Florence, Venise, Paris, Amsterdam, Munich, Dresde, Berlin, Londres, etc., etc., présentées en un élégant encadrement à biseau (29 cm × 22 cm) et renfermées dans 5 cartons.

Réduction de l'une des 40 planches.

PREMIER CARTON

1. Moretto. *Sainte Justine.*
2. Berchem. *Le Renseignement.*
3. Elisabeth Vigée-Lebrun. *L'artiste et sa fille.*
4. Andrea del Sarto. *L'Annonciation.*
5. Rembrandt. *La Ronde de Nuit.*
6. Titien. *Le Denier de César.*
7. Van Eyck. *L'Homme à l'œillet.*
8. Cossa. *L'Automne.*

DEUXIÈME CARTON

9. Greuze. *La Laitière.*
10. Murillo. *Jeune marchande de fruits.*
11. Albert Dürer. *Saint Jean et saint Pierre.*
12. Albert Dürer. *Saint Paul et saint Marc.*
13. Velasquez. *Son portrait.*
14. Claude Lorrain. *Paysage avec la fuite en Egypte.*
15. Raphael. *La Vierge du Grand-Duc.*
16. Brouwer. *Le Tricheur.*

TROISIÈME CARTON

17. Raphael. *La Vierge à la chaise.*
18. Franz Hals. *Le Fou.*
19. Titien. *L'Amour sacré et l'Amour profane.*
20. Allori. *Judith.*
21. Velasquez. *La Reddition de Bréda.*
22. Bellini. *La Madone aux deux arbres.*
23. Rembrandt. *Son portrait.*
24. Van der Meer. *La Liseuse.*

QUATRIÈME CARTON

25. Albert Dürer. *Hieronymus Holzschuher.*
26. Poussin. *Paysage avec saint Mathieu.*
27. Albertinelli. *La Visitation.*
28. Le Corrège. *Ganymède.*
29. Pieter de Hooch. *Intérieur hollandais*
30. Rubens. *Jésus et les pécheurs repentis.*
31. Lorenzo Lotto. *La Vierge, l'Enfant et saint Jean.*
32. Léonard de Vinci. *La Belle Ferronnière.*

CINQUIÈME CARTON

33. Watteau. *La Comédie française.*
34. Ter Borch. *Le Concert.*
35. S. del Piombo. *Portrait d'une Romaine.*
36. Melozzo da Forli. *L'Ange au luth.*
37. Véronèse. *Jésus chez Jaïr.*
38. Van Dyck. *Portrait de Maria Ruthwen.*
39. Palma le Vieux. *Sainte Barbe.*
40. Fra Bartolommeo. *Déposition de croix.*

"Les Maîtres de la Peinture" sont en vente :

1° **par souscription aux 40 planches** : expédition de suite des 40 planches en 5 cartons. Prix **net**, payable d'avance. . . . . **35 fr.**
(Ce prix sera porté à **40 fr.** à la fin de la publication, 30 avril 1902.)

2° **par carton séparé** (8 planches) : un carton par mois depuis le 15 décembre 1901. Prix net de chaque carton de 8 planches . . . . **8 fr.**

3° **par 10 planches au choix.** Prix **net** des 10 planches . . . . **8 fr.**

4° **par planches séparées.** Prix **net** de chaque planche **1 25**

Cadre passe-partout permettant d'encadrer à tour de rôle chacune des 40 planches. Prix net. **2 50**

(Emballage et port en sus, pour le cadre passe-partout, 1 fr. 50 pour la France)

1. Bachi-Bouzouk. — 2. Le père Lustucru. — 3. Brigand. — 4. Jeune Boer. — 5. Guerrier mexicain. — 6. Coq. — 7. Chinois. — 8. Fleuriste.

Un Aquarium d'eau douce

Un aquarium d'eau douce constitue un passe-temps amusant tout à la fois et instructif. Les poissons, les plantes et les animaux qui peuvent l'habiter ou le garnir sont assez nombreux, ainsi qu'on peut le voir par notre gravure de dernière page. La vie en commun et les mœurs de certains poissons donneront lieu à d'intéressantes et curieuses observations.

Un simple vase en verre blanc suffira à constituer un aquarium. La planche ci-contre en offre plusieurs modèles. Le siphon peut se faire avec un tube en verre chauffé au rouge à la flamme d'un bec de gaz. L'entretien de l'aquarium est assez minutieux : il faut, le plus souvent possible, à l'aide d'un tube en verre (pipette), enlever les détritus d'animaux et de plantes qui facilitent et activent la corruption de l'eau. Les plantes aquatiques qui le garnissent sont agréables à la vue ; à défaut d'autres plantes, une branche de cresson suffira.

LIBRAIRIE ARMAND COLIN, rue de Mézières, 5, PARIS.

Bibliothèque du Petit Français

Chaque volume in-18 jésus, illustré, broché . . . . **2 fr.**

Relié toile, tranches dorées, **3 fr.**

Nouveautés :

Le Capitaine Henriot, par ACHILLE MÉLANDRI. | **Au Clair de la Lune,** par R. CANDIANI.

L'Idée fixe du Savant Cosinus, par CHRISTOPHE.
Le Mystère de Courvaillan, par A.-J. DALSÈME.
Les Colères du Bouillant Achille, par Mᵐᵉ d'AGON DE LA CONTRIE.
La Providence de François, par B. SCHMIDT.
Le Pupille de mon Ami, par PIERRE PERRAULT.
Les Robinsons de la Nouvelle-Russie, par R. CANDIANI.
Les Mémoires de Primevère, par GABRIEL FRANAY.
Pierrot et Cⁱᵉ, par ROGER DOMBRE.
Frères de lait, par ACHILLE MÉLANDRI.
Le Sapeur Camember, par CHRISTOPHE.
La Famille Fenouillard, par CHRISTOPHE.
Le Portefeuille rouge, par GUY TOMEL.
L'Apprentie du Capitaine, par PIERRE PERRAULT.
Histoire d'un Honnête Garçon, par JEANNE LEROY.
Une Histoire de sauvage, par EDMOND PASCAL.
Chryséis au Désert, par GÉRALD-MONTMÉRIL.
Les Fredaines de Mitaize, par PIERRE FICY.
Les Vacances de Prosper, par H. MARCHAND.
Les Petits Cinq, par CH. NORMAND.
Jamais Contents ! par GÉRALD-MONTMÉRIL.
Le Hochet d'Or, par GUSTAVE ZIDLER.
Les Petits Patriotes, par ÉMILE CÈRE.
Mon Ami Rive-Gauche, par MAGBERT.
En Haut du Beffroi, par A. ROBIDA.
Rita (*Les Filles du Clown*), par MARIE DELORME.
Tante Dorothée (*Les Filles du Clown*), par MARIE DELORME.

Mémoires d'un Éléphant blanc, par JUDITH GAUTIER.
Corsaires et Flibustiers, par ACHILLE MÉLANDRI
Le Théâtre chez Grand'Mere, par MARIE DELORME.
Le Moulin Fliquette, par A. ROBIDA.
L'Exil d'Henriette, par ROGER LIQUIER.
Le Droit Chemin, par S. BLANDY.
Chez Mˡˡᵉ Hortense, par MARIE DELORME.
Yves Kerhélo, par MARIE DELORME.
Les Prisonniers de Bou-Amâma, par MARTIAL BLANC.
Kerbiniou le Très Madré, par A. ROBIDA.
Le Roi de l'Ivoire, par MARTIAL BLANC.
Deux Enfants de Londres, par P. D.
L'Émeraude des Incas, par CH. NORMAND.
Six Nouvelles, par CH. NORMAND.
Voyage du Novice Jean-Paul, par G. LAMY.
Voyage du Matelot Jean-Paul, par VARIGNY.
Jours d'Épreuves, *Nouvelles suédoises*.
Robert le Diable et Cⁱᵉ, par EDMOND PASCAL.
Les Lunettes bleues, par MAGBERT.
Histoire d'un Vaurien, par MAGBERT.
Princesse Sarah, par GEORGES LAMY.
Historiettes pour Pierre et Paul, par J. JARRY.
Jacques la Chance et Jean la Guigne, par MARIE-ROBERT-HALT.
La Teppe aux Merles, par S. BLANDY.
L'Ami Benoît, par BERNARD DE LAROCHE.
Journées de deux Petits Parisiens, par MALASSEZ.

Envoi franco sur demande, du Catalogue BIBLIOTHÈQUE DU PETIT FRANÇAIS.

Eléments de Pisciculture pratique, par J. JAFFIER,

Président de la Société de Pisciculture de la Creuse, Membre de la Société des Sciences naturelles et archéologiques de la Creuse. Un volume in-18 jésus, illustré de 50 figures, broché. (Ouvrage couronné par la Société d'Encouragement pour l'Industrie Nationale) . . . . **2 fr.**

1ʳᵉ **partie.** Repeuplement des rivières non navigables et des ruisseaux : la truite et les salmonidés, la carpe, la tanche, la perche, l'écrevisse. — 2ᵉ **partie.** Repeuplement des étangs. — 3ᵉ **partie.** Service de la Pisciculture.

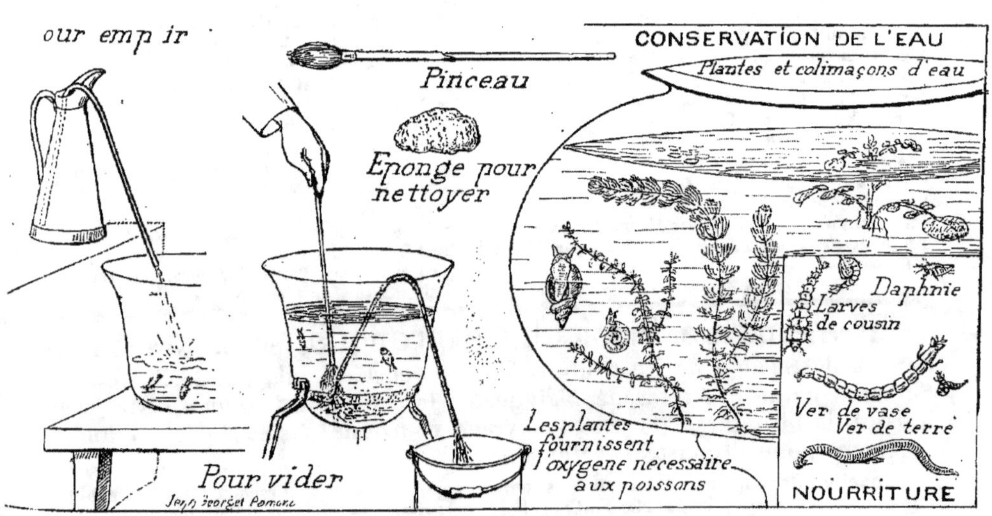

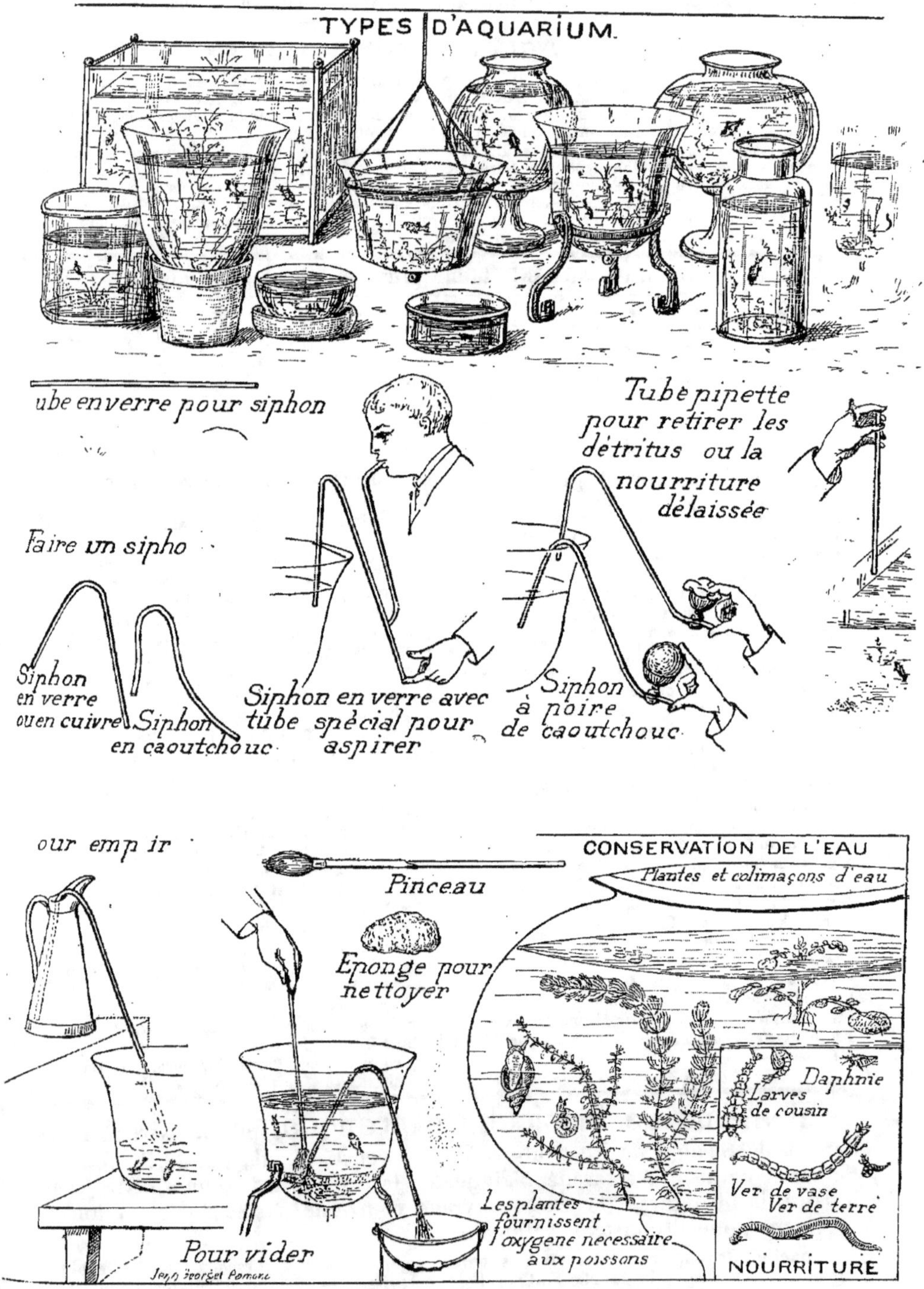

Les éléments d'un aquarium

BARBIER CHINOIS A L'OUVRAGE

TOKIO. — ÉCOLE PROFESSIONNELLE : APPRENTIS BOULANGERS

PÉKIN. — NOUVELLES CHINOIS DU PALAIS D'ÉTÉ

UNE DAME CHINOISE DE CANTON

KOBÉ. — LA LEÇON : MACHINE A COUDRE

LA DEVANTURE D'UN THÉATRE A YOKOAMA

A travers la Chine et le Japon

GRAVURES EXTRAITES DES *Missions Catholiques Françaises au XIXᵉ siècle.*

UNE PARTIE DE CACHE-CACHE

L'ARBRE DE NOEL

LE JEU DES BOULES DE NEIGE

LA RÉCITATION

PETI EAUX

Nous prions nos lecteurs et nos lectrices de se reporter à notre dernière page. Ils y tro petits récits qui les intéresseront sûrement, et, de plus, ils pourront s'y inspirer de la façon dont il faut s'y prendre pour transformer ces quatre images en de véritables petits tableaux.

LA RÉCRÉATION EN FAMILLE, par TOM TIT

Coquilles de Noix

Les coquilles de noix vont nous fournir toute une série de petits joujoux que nous allons fabriquer nous-mêmes ; seulement, nous n'avons plus ici affaire avec des bouchons, et la dureté de ces coquilles nous empêche d'employer le canif ou le ciseau pour les couper ou y percer des trous.

Mais voici comment nous allons nous y prendre : nous allons créer, sous le nom de *passe-partout*, un outil bien simple, consistant en un bout de fil de fer un peu gros, piqué dans un bouchon qui servira de manche. Faisons rougir au feu le bout de ce fil de fer, et, en tenant le passe-partout par son manche pour ne pas nous brûler les doigts, il nous sera facile de percer, dans la coquille, tous les trous que nous voudrons. Pour couper une noix en travers, le passe-partout nous rendra le même service ; nous le ferons rougir sur une assez grande longueur et le poserons, en appuyant légèrement, à l'endroit de la coquille que nous voulons couper ; il y entrera comme dans du beurre. Ne pas chauffer le fil de fer jusqu'au rouge blanc, car la coquille prendrait feu. Une fois la coupure faite, on frotte sur du papier de verre les bords de la coquille que l'on vient de brûler, pour enlever la partie charbonnée et régulariser les surfaces.

Maintenant que nous savons percer et couper les coquilles, nous pouvons monter notre fabrique de joujoux en coquilles de noix. Nous choisirons, bien entendu, les coquilles de formes bien régulières et les plus grosses possible.

1. **Le Lapin coureur.** — Prenez une bille un peu lourde (une balle de plomb ou une bille d'acier de bicyclette conviendront parfaitement, mais une bille ordinaire suffira), posez-la sur une planchette ou une feuille de carton, par exemple un calendrier, et recouvrez cette bille avec une coquille de noix qui doit la cacher complètement. Saisissez maintenant le bord du carton, et inclinez-le successivement dans tous les sens, de façon que la bille roule tout autour ; les spectateurs verront alors la coquille courir tout autour du carton, aller en avant, en arrière, s'arrêter, repartir, sans se douter du système fort simple qui cause ce mouvement.

Ce joujou est rendu bien plus amusant encore si vous donnez à la coquille la forme d'un animal, un lapin, par exemple, comme l'indique notre dessin N° 1. Vous collerez sur la coquille, avec de la colle ou de la cire à cacheter, une tête et une queue de lapin en mie de pain pétrie et coloriée, en vous rappelant les instructions données dans le N° du *Petit Français* du 25 mai 1901. Pour la tête, pétrissez bien une boulette grosse comme une petite noisette, et allongez-la un peu pour former le museau. Avant que le pain ne durcisse, piquez au haut de la tête deux oreilles découpées dans une carte de visite ; faites, avec la pointe du canif, une ouverture pour la bouche, dans laquelle vous mettrez une feuille de chou découpée dans du papier vert. Pour les yeux, deux perles roses ou noires, ou tout simplement deux points noirs à l'encre. Enfin, on peut faire les cils et les moustaches avec des bouts de crin ou de fil de fer très mince. Pour avoir les oreilles avec leur vraie forme, et non plus aplaties, vous pouvez employer du papier à fleurs rose ou gris, faire le bas de chaque oreille en pointe de cornet, et arrondir le haut en le gaufrant comme pour les pétales de fleurs artificielles en papier. Une fois bien durcie et collée, la tête peut être coloriée à l'ocre jaune, de la couleur de la coquille de noix ; de même pour la queue. On peut aussi colorier tout l'animal, et fabriquer ainsi des lapins blancs, noirs, etc., qui donnent lieu à des courses très amusantes si vous les

(*Voir la suite à la page 2 de ce Supplément*)

placez ensemble sur une table fortement inclinée, ce qui s'obtient en relevant deux des pieds avec de gros livres.

2. Guérite de bains de mer. — Réunissez, par une charnière en papier, les deux coquilles d'une grosse noix, et collez-les, en les posant debout, sur un morceau de carton, à angle droit l'une sur l'autre. Frottez un bouchon sur du papier de verre fin, et répandez la poudre de liège ainsi obtenue sur le carton enduit de colle. Laissez bien sécher, enlevez l'excédent de poudre de liège, et voilà votre guérite double installée sur une plage de sable. Collez avec de la cire à cacheter, à l'intérieur de chaque guérite, deux bancs en demi-cercle découpés dans une carte de visite, sur lesquels vous pourrez asseoir deux petites poupées en papier découpé. Si vous avez rapporté du bord de la mer de tout petits coquillages, ils seront collés, avec de la cire, tout autour du carton.

3. Fleurs aquatiques lumineuses. — Découpez, dans du papier de soie, de grands pétales à bords arrondis, et attachez-les, sur plusieurs épaisseurs, tout autour d'une grande coquille de noix avec du fil fort ou du fil de fer mince. Faites flotter votre coquille dans un plat creux contenant de l'eau, après avoir placé dans la coquille un petit bout de bougie que vous allumerez. Tout autour de la fleur ainsi fabriquée, et représentant par exemple un nénuphar, posez sur l'eau quelques feuilles découpées dans du papier vert. On peut disposer plusieurs fleurs lumineuses dans le même plat que l'on met dans un coin sombre de l'appartement, et, dans une soirée, ce genre de décoration fait le plus gracieux effet, surtout si vous entourez le récipient de verdure telle que du houx, du lierre, etc.

4. Toton. — Voici un modèle de toton à ajouter à tous ceux que nous avons indiqués déjà : c'est le toton obtenu en enfonçant le bout d'une allumette dans le trou existant naturellement entre les deux coquilles d'une noix, du côté opposé à la pointe. Choisir une noix bien pointue et de formes régulières. Le toton peut se faire aussi avec une noix vide dont on a recollé les coquilles, mais il vaut mieux laisser la noix pleine, car elle est plus lourde et tourne plus longtemps. On peut dorer la noix-toton, ou l'entourer de papier d'étain, ou coller sur elle des bandes de papier de couleur, en un mot la décorer de toutes les manières possible, suivant le goût de chacun.

5. Jardinière. — Ouvrez et videz trois noix de même grosseur, puis, avec de la cire à cacheter et non pas avec de la colle, recollez ensemble les coquilles, mais après en avoir coupé le bout du côté opposé à la pointe. Après avoir coupé ces bouts de coquilles au moyen du passe-partout, frottez les parties brûlées de façon à bien égaliser les coupures. Chaque noix représente, comme vous le voyez, un petit vase qui peut contenir de l'eau et des fleurs, mais il faut que ce vase puisse se tenir debout et nous obtenons ce résultat en collant ensemble, à l'aide de cire à cacheter, trois noix ainsi préparées, qui se tiendront debout sur leurs pointes, comme le montre notre dessin. Au lieu d'eau, nous pouvons mettre un peu de terre dans la jardinière ainsi fabriquée, et y planter de toutes petites fleurs des champs.

6. Berceau. — Ce berceau, dans lequel vous pourrez, Mesdemoiselles, endormir en la berçant une petite poupée en mie de pain, se fabrique avec une coquille de noix sur laquelle est collée la moitié d'une autre coquille, coupée en travers par le passe-partout. Deux morceaux de liège, découpés dans un bouchon plat, collés sous le berceau avec de la cire, vous fourniront les deux bascules. Sur le bord de l'ouverture du berceau, vous collerez les bouts de deux morceaux de tulle ou de mousseline, pour figurer les rideaux.

7. Chariot d'enfant. — Une fois réveillé, Bébé va faire sa promenade en voiture, dans le chariot fabriqué comme le berceau, avec une demi-coquille collée sur une coquille entière. Avec le passe-partout, on perce trois trous : le premier à l'avant, servant à passer le bout du timon, composé de deux fils de fer tordus, que l'on rabat à l'intérieur. A l'autre bout du timon, placer une traverse en bout d'allumette, serrée entre les deux brins de fil de fer. Les deux autres trous sont percés des deux côtés et servent au passage de l'allumette ou du bout de fil de fer un peu gros figurant l'essieu. On enfile sur les deux bouts de cet essieu deux rondelles de bouchon, de 1 à 2 c. d'épaisseur, représentant les roues du chariot. Enfin, pour maintenir les roues en place, on peut mettre une goutte de cire aux deux bouts de l'essieu.

8. Panier de marché. — Très facile à faire si l'anse est en carton collé, ce panier est digne de tenter l'adresse d'un amateur si l'on veut que cette anse soit faite avec une bande coupée dans la coquille elle-même. C'est toujours le passe-partout qui nous servira à faire les deux coupures nécessaires ; nous collerons avec de la cire ou de la colle l'anse ainsi obtenue, et nous garnirons le panier d'objets en mie de pain, bouteille, pomme, poire, pain, saucisson, tout ce qu'il faut pour un bon déjeuner.

9. Chaloupe de pêche. — La coque est une grande coquille de noix bien symétrique, dans laquelle vous ferez trois trous : le trou d'avant, près du bord, servira au passage du mât horizontal appelé bout-dehors. Les deux autres trous faits au milieu, près du bord, serviront à maintenir le mât au moyen de deux fils obliques, mais ils ne sont pas indispensables. Enfoncez dans la coquille la moitié d'un bouchon dont vous aurez arrondi les bouts avec du papier de verre. C'est dans ce morceau de bouchon que vous piquerez le bas du mât. Ce mât sera un vieux manche de porte-plume ou de pinceau, une petite branche d'arbre ou un morceau de bois arrondi. Le bout-dehors et le mât étant solidement piqués dans le bouchon, nous allons nous occuper de gréer notre chaloupe. D'abord, nous suspendrons horizontalement au haut du mât, par deux fils obliques, une allumette qui sera la vergue à laquelle nous attacherons le haut du morceau de papier rouge figurant la grand'voile. Cette voile, ainsi que le foc triangulaire d'avant, doit être découpée dans du papier un peu fort pour éviter que les fils d'attache ne le déchirent. Le foc est fixé par trois fils, comme l'indique le dessin; deux fils servent à fixer le bas de la grand'voile, celui d'arrière s'attachant au gouvernail. Avec de la cire à cacheter, collez la coque de la chaloupe à l'intérieur d'un morceau de bouchon plat, de 1 c. d'épaisseur environ, que vous avez entaillé au couteau puis poli au papier de verre jusqu'à ce qu'il épouse le mieux possible la forme extérieure de la coque. Sous ce morceau de liège, attachez, par du fil ou du fil de fer mince, la quille destinée à donner de la stabilité à votre chaloupe lorsque vous voudrez la faire flotter sur l'eau. Cette quille se compose de plusieurs morceaux de papier d'étain, de la longueur de la coquille, que vous roulerez en cylindre et aplatirez ensuite avec un marteau.

A l'arrière, des fils de fer servent à attacher le gouvernail, que vous découperez dans un morceau de bouchon de 1 c. d'épaisseur ; le haut de ce gouvernail est traversé par un bout d'allumette figurant la barre de manœuvre.

Au haut du mât, coller une petite flamme en papier de couleur, sur laquelle le constructeur inscrira son nom, et enfin, au coin de la grand'voile, coller le pavillon tricolore.

TOM TIT.

(à suivre)

Objets fabriqués avec des Coquilles de Noix.

A l'occasion du Centenaire de Victor Hugo, que Paris et la France entière célèbreront solennellement le 26 février, le *Petit Français illustré* publiera en *Supplément*, dans son n° 117, d'intéressants documents concernant le grand poète. Il reproduira en outre, avec la bienveillante autorisation de M. Paul Meurice, un court poème de Victor Hugo choisi parmi ceux qui nous ont paru le plus propres à pouvoir être récités en famille.

Résultats du Concours entre Dessinateurs

Premiers Prix :

Lecoultre, à Paris (14e).	100 francs.
Monnier, à Brévannes	100 francs.
Raffin, à Paris (11e)	100 francs.

Deuxièmes Prix :

Aznavour (Vincent), à Constantinople.	Lagatinerie (Lucienne de), à Elven.
du Carreau (M.), à Nantes.	Maury (Louise), à Paris.

Un exemplaire broché des sept volumes formant la série des **Bardeur-Carbansane**, *Histoire d'une famille pendant cent ans (1757-1857), par* J. NAUROUZE, *illustré par Moulignié. Valeur 31 francs 50.*

Mentions :

Andrillon (Camille).	Hallez (Henry).	Mermilliod (Eugène).
Cartier (Henri).	Lagasse (Jean).	Morandière (Léon de la).
Coulon (Eric de).	Lévy (Lucien).	Motte (L.).
Dupuy (Thérèse).	Leroy (Anne).	Pegeot (Charles).
François (Jeanne).	Machepy (Georges).	Sourdillon (Marc).
Georges (Joseph).	Mail (Maurice).	Spach (Alfred).
Girard (Charles).	Maurice (Abel).	Travert (Henri).

Les mentions recevront un volume à choisir dans la **Bibliothèque du Petit Français**, *dont nous publions le catalogue à la page 4 de ce Supplément. Nous prions donc les jeunes lecteurs et lectrices qui ont droit à cette récompense de vouloir bien nous indiquer l'ouvrage choisi.*

FLEURS EN PAPIER. — Planche IX.

Conseils

17. — PAVOT CULTIVÉ

Pliage et découpage. — Faites une boulette d'ouate : *f. 1* que vous fixez à l'extrémité d'une tige de fil de fer de 15 cm. de longueur environ : *f. 2*. Recouvrez cette boulette de papier vert que vous serrez à la base au moyen d'un fil fin : *f. 3*. Passez autour de la boule du fil noir, comme l'indique la *f. 4*, puis fixez tout autour, au moyen de fil de fer fin, des brins de gros fil noir ciré, et terminés par des nœuds. C'est le cœur de la fleur : *f. 5*.

Pour la corolle, découpez 5 carrés de 9 cm. de côté. Pliez-en un en 2 : *f. 6*, puis en 4 : *f. 7*. Prenez par la pointe cette feuille pliée, et froissez-la de haut en bas, en la passant un grand nombre de fois entre le pouce et l'index, jusqu'à ce qu'elle soit ramenée à la grosseur d'un porte-plume. Dépliez-la souvent pendant l'opération : *f. 8*. Opérez de même sur les 4 autres carrés.

Pour le calice, prenez un carré de papier vert de 3 cm. de côté. Pliez-le et froissez comme pour les pétales : *f. 9*. Coupez-le à 2 cm. de la pointe : *f. 10*.

Construction. — Passez la tige au centre des 4 pétales, puis du calice. Coupez droit pour abattre les pointes, comme l'indique le patron : *f. 11* et terminez en enroulant autour de la tige une bande de papier vert.

Nuances du papier. — Blanc, rose, rouge ou grenat, pour le calice ; vert pour le cœur et la tige.

18. — VIOLETTE DE PARME

Pliage et découpage. — Découpez 6 carrés de papier ayant, le 1er : 5 cm. de côté ; le 2e : 4 cm. ; le 3e : 35 mm. ; le 4e : 3 cm. ; le 5e : 25 mm. et le 6e : 2 cm. Pliez-les en 2 : *f. 1* ; puis en 6, ce qui s'obtient en prenant le milieu o de la base et en faisant les 3 angles 1. 2. 3. égaux : *f. 2*. Découpez ensuite suivant le patron spécial à chaque grandeur : A pour 5 cm. ; B pour 4 cm. ; C pour 35 mm. ; D pour 3 cm. ; E pour 25 mm. et F pour 2 cm. Etalez ces corolles dans la paume de la main et, avec un dé, pressez au centre de chaque lobe pour produire une faible concavité.

Pour le calice, placez votre papier vert sur la *f. 9*. Décalquez au crayon le contour, puis découpez.

Construction. — Prenez une tige de fil de fer d'environ 15 cm. de long. Faites un petit crochet à une extrémité : *f. 10*. Placez la plus petite corolle que vous redressez pour masquer le crochet, puis les autres, en terminant par la plus grande et enfin par le calice. Enroulez ensuite une bande de papier vert autour de la tige.

Nuances du papier. — Violet, blanc, pour la corolle ; vert pour le calice et la tige.

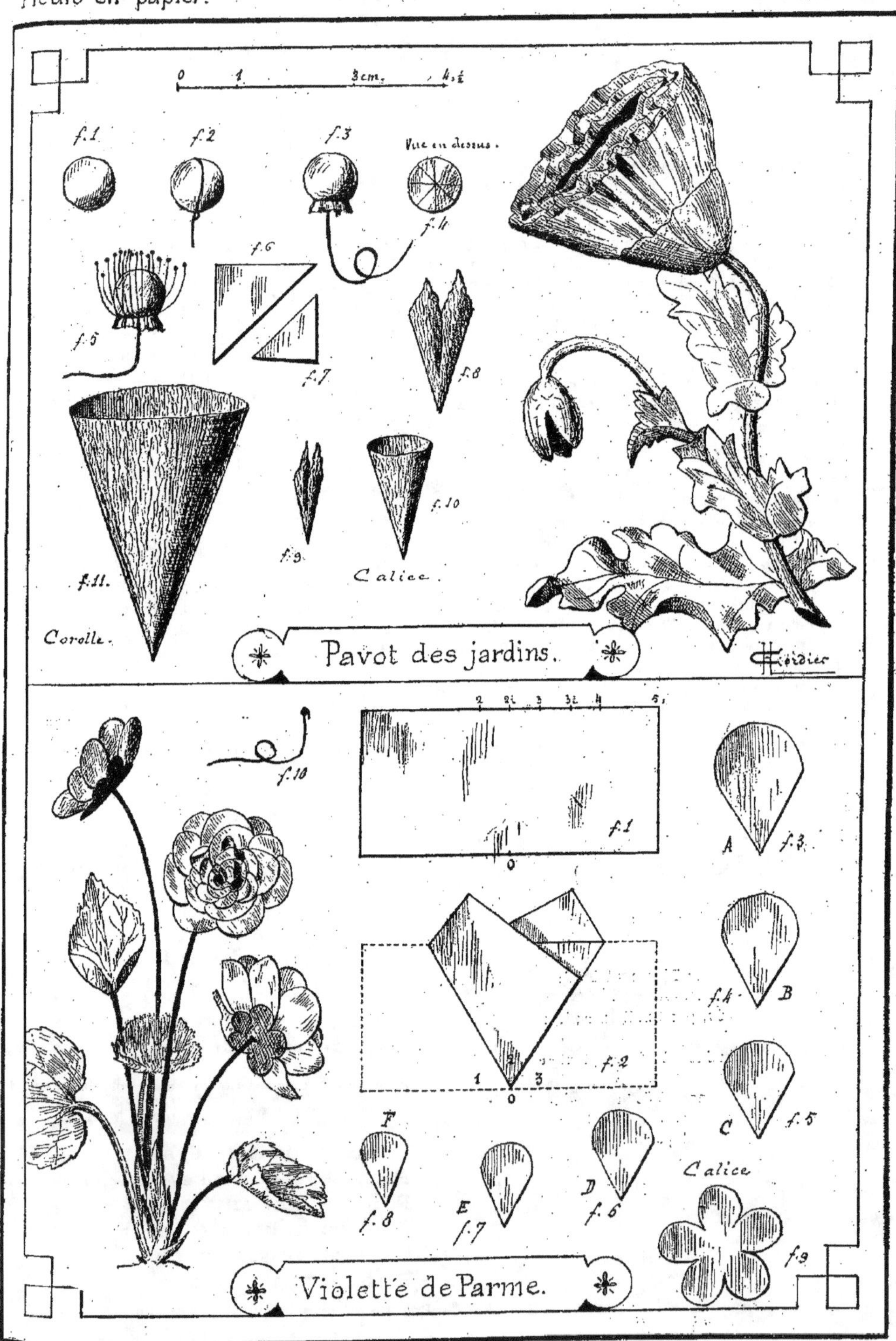

f.1
f.2
f.3
Vue en dessus.
f.4
f.6
f.5
f.7
f.8
f.9
f.10
f.11
Corolle.
Calice.
Pavot des jardins.
L. Poirier
f.10
f.1
A f.3
f.4 B
f.2
C f.5
Calice
F
E f.7
D f.6
f.8
Violette de Parme.
f.9

Supplément au **Petit Français illustré** N° 116, *du 15 février* 1902.

Bibliothèque du Petit Français

Volumes in-18 jésus, brochés : **2 fr.** ; reliés toile, tranches dorées : **3 fr.**

54 volumes parus

L'Ami Benoît, par Bernard de Laroche ; illustrations par Ch. Crespin.

L'Apprentie du Capitaine, par Pierre Perrault ; illustrations par Lecoultre.

Les Coleres du Bouillant Achille, par Mme d'Agon de la Contrie ; illustrations par Fauret.

Le Capitaine Henriot (*Chevaliers errants*), par A. Mélandri ; illustrations par José Roy.

Chez Mademoiselle Hortense, par Marie Delorme ; illustrations par Moulignié et Ch. Crespin.

Chryséis au Désert, par Gérald-Montméril ; illustrations par E. Lœvy.

Au Clair de la Lune, par R. Candiani ; belles et nombreuses illustrations.

Corsaires et Flibustiers (*Chevaliers errants*), par A. Mélandri ; illustrations par José Roy.

Le Droit Chemin, par S. Blandy ; illustrations par Gil-Baer.

L'Émeraude des Incas, par Ch. Normand ; illustrations par Faria et Martin.

En Haut du Beffroi, texte et dessins par A. Robida.

L'Exil d'Henriette, par Roger Liquier ; illustrations par Paul Steck.

La Famille Fenouillard, texte et dessins par Christophe.

Les Filles du Clown (Rita), par Marie Delorme ; illustrations par Émile Bayard fils et L. Denis.

Les Fredaines de Mitaize, par Pierre Ficy ; illustrations par Bertrand.

Frères de lait, par Achille Mélandri ; illustrations par Henriot et Verney.

Histoire de deux Enfants de Londres, récits adaptés de l'anglais par P. D. ; illustrations par Martin.

Histoire d'un Honnête Garçon, par Leroy ; illustrations par Rogaert.

Histoire d'un Vaurien, par Magbert ; illustrations par E. Mas.

Historiettes pour Pierre et Paul, par J. Jarry ; illustrations par C. Bourgain.

Le Hochet d'Or, par Ch. Zidler ; illustrations par Geoffroy.

L'Idée fixe du Savant Cosinus, texte et dessins par Christophe.

Jacques la Chance et Jean la Guigne, par Marie-Robert Halt ; illustrations par Faria.

Jamais Contents ! par Gérald-Montméril ; illustrations par Mucha.

Journées de deux petits Parisiens ; Jacques et Juliette, par J. Malassez ; illustrations par Moulignié.

Jours d'Épreuves, par Mme Hameau. Nouvelles suédoises ; illustrations par Robida, Ruty, Martin, Faria, Moulignié et Moreno.

Kerbiniou le Très Madré, texte et dessins par A. Robida.

Les Lunettes bleues, par Magbert ; illustrations par Mucha et Martin.

Mémoires d'un Éléphant blanc, par Judith Gautier ; illustrations par Mucha et Ruty.

Les Mémoires de Primevère, par Gabriel Franay ; illustrations par Amélie Bertrand.

Mon Ami Rive-Gauche, par Magbert ; illustrations par Moulignié.

Le Moulin Fliquette, texte et dessins par A. Robida.

Le Mystère de Courvaillan, par A.-J. Dalsème ; illustrations par Georges Redon.

Les Petits Cinq, par Ch. Normand ; illustrations par Heidbrinck.

Les Petits Patriotes, par Émile Cère.

Pierrot et Cie, par Roger Dombre ; illustrations par Lecoultre.

Le Portefeuille rouge, par Guy Tomel ; illustrations par Georges Redon.

Princesse Sarah, traduit et adapté de l'anglais par Georges Lamy ; illustrations par Martin.

Les Prisonniers de Bou-Amâma, par Martial Blanc ; illustrations par Kauffmann.

La Providence de François, par B. Schmidt ; illustrations par Ch. Weisser.

Le Pupille de mon Ami, par Pierre Perrault ; illustrations par Lecoultre.

Robert le Diable et Cie, par Edmond Pascal ; illustrations par Moulignié.

Les Robinsons de la Nouvelle-Russie, par R. Candiani. Belles et nombreuses illustrations.

Le Roi de l'Ivoire, par Martial Blanc ; illustrations par G. Scott.

Le Sapeur Camember, texte et dessins par Christophe.

Six Nouvelles, par Ch. Normand ; illustrations par Henri Pille et Mucha.

Tante Dorothée, par Marie Delorme ; illustrations par Weisser.

La Teppe aux Merles, par S. Blandy ; illustrations par E. Mas.

Le Théâtre chez Grand'Mère, par Marie Delorme ; illustrations par Slom.

Une Histoire de Sauvage, par Edmond Pascal ; illustrations par Kauffmann.

Les Vacances de Prosper, par Henry Marchand ; illustrations par F. Courboin.

Voyage du Matelot Jean-Paul en Australie, par C. de Varigny ; illustrations par Moulignié, E. Mas, etc.

Voyage du Novice Jean-Paul à travers la France d'Amérique, par G. Lamy.

Yves Kerhélo, par Marie Delorme ; illustrations par G. Scott.

Envoi franco sur demande, du Catalogue Bibliothèque du Petit Français.

Le Centenaire de Victor Hugo

Le 26 février, Paris et la France entière célébreront solennellement le Centenaire du grand poète. Ce jour-là, sera inauguré, sur la place Victor-Hugo, le magnifique monument dû au ciseau de Barrias et dont une souscription publique a fait les frais ; des fêtes littéraires seront données à la Comédie-Française et à l'Odéon ; une cérémonie imposante aura lieu au Panthéon où reposent les restes de Victor Hugo, et le peuple de Paris, enfants des écoles au premier rang, défilera devant la maison de la place des Vosges où le poète vécut et qui doit devenir le Musée Victor-Hugo.

Le *Petit Français illustré* devait à ses lecteurs, et se devait à lui-même, d'apporter son modeste mais fervent tribut d'hommages à la grande mémoire de celui dont l'enfance, la jeunesse, les joies familiales, ont inspiré la Muse si souvent. Il le fait en consacrant à Victor Hugo la double page de ce supplément. Nos lecteurs trouveront là le portrait du poète aux différentes époques et dans les diverses phases de sa vie : l'enfant, l'auteur dramatique, le tribun, l'exilé, le « grand-père », défileront successivement sous leurs yeux.

Nous avons accompagné ces images de deux notices succinctes, l'une sur l'homme, l'autre sur son œuvre. Et enfin nous avons obtenu de la bienveillance de M. Paul Meurice, l'ami et l'exécuteur testamentaire de Victor Hugo, l'autorisation de reproduire un court poème de la *Légende des Siècles : Après la bataille*, une des plus nobles inspirations de son génie. Nous avons choisi ce morceau parmi ceux qui nous ont paru le plus propres à être récités en famille.

CONCOURS DES ERREURS

Ce concours, ouvert le 21 décembre dernier (voir le Supplément du n° 108), a été clos le 15 février. Les solutions nous sont arrivées en si grand nombre, que leur dépouillement et leur classement demanderont un certain temps. Nous donnerons les résultats de ce concours dans un des numéros de mars.

LIBRAIRIE ARMAND COLIN, rue de Mézières, 5, PARIS.

Extraits des Poètes lyriques du XIXe siècle, par

Gustave Merlet, Inspecteur général de l'Université. — *Poésies domestiques. Poésies pittoresques. Poésies morales. Poésies patriotiques.* — Un volume in-18 jésus, cartonné. . . . . 3 fr. 50

Poésies de Victor Hugo contenues dans cet ouvrage : — Jeanne parle. — La Quenouille de la poupée. — La joie du foyer. — A ma fille. — La bête. — Le pot cassé. — Souvenirs de jeunesse. — Mes deux filles. — Jour des Morts. — Un grand-père. — La cicatrice. — Au pain sec. — A ma petite Jeanne. — Déclin du jour et de la vie. — Un ami de l'enfance. — La sieste. — Contraste. — La grand-mère. — L'aïeul. — Le matin. — Pluie d'été. — Amour des choses ailées. — La fleur et le papillon. — Les leçons de choses. — Le droit chemin. — La charité. — Pitié. — Saison des semailles. — Les victimes de la mer. — Après la bataille. — Le pauvre et l'été. — La prière pour tous. — L'innocence. — La bible.

LE CENTENAIRE DE VICTOR HUGO

L'Homme.

C'est le 26 février 1802 que le grand poète est né :

Ce siècle avait deux ans...

a-t-il dit lui-même, dans une de ses poésies les plus célèbres.

Besançon fut son berceau. Victor était le plus jeune des fils du général Hugo qui en avait déjà deux autres, Abel et Eugène. La famille de notre poète ne séjourna que quelques mois à Besançon, d'où elle se rendit successivement à Marseille, en Corse et à l'île d'Elbe, suivant son chef dans chacun de ses déplacements. En 1805 elle revint à Paris, habita quelques années la rue de Clichy, puis alla occuper cet ancien couvent des Feuillantines qui devait laisser dans l'esprit de Victor Hugo les touchants souvenirs immortalisés dans les *Rayons et les Ombres* et les *Contemplations*. C'est là que les fils du général Hugo commencèrent leurs études, sous la direction d'un ancien prêtre de l'Oratoire.

En 1815, le général Hugo, après un long séjour en Espagne, où il avait rempli d'importantes fonctions auprès du roi, frère de Napoléon, revint à Paris et, comme il destinait ses fils à l'École polytechnique, il leur fit suivre les cours de philosophie, de physique et de mathématiques au collège Louis-le-Grand. Les enfants montrèrent de véritables aptitudes pour les sciences ; cependant, dès ces premières années, la vocation poétique de Victor commençait à se manifester. En 1821, le jeune poète perdit sa mère, et, voulant se créer un intérieur, il songea à se marier. Il demanda la main de Mlle Adèle Foucher, mais il n'avait pas de fortune, on lui fit comprendre qu'il devrait attendre, et ce n'est que plusieurs années plus tard que son vœu se réalisa.

Poète, journaliste, dramaturge, Victor Hugo atteignit promptement à la célébrité. En 1839, il était nommé par Louis-Philippe officier de la Légion d'honneur; en 1845, pair de France. A la Révolution de 1848, la pairie étant supprimée, il se présenta à l'Assemblée Constituante et fut élu. Le 2 décembre 1851, il prit une part active à la résistance au Coup d'État et fut exilé.

Victor Hugo, durant son exil, habita successivement Bruxelles, l'île de Jersey et Guernesey. Ce n'est qu'à la Révolution du 4 Septembre 1870 qu'il revint en France; il y revenait seul; Mme Hugo était morte à Bruxelles le 28 août 1868. Le 8 février 1871, il rentrait dans la vie politique comme député de la Seine à l'Assemblée de Bordeaux. Il y prononça un discours contre la paix, mais il donna presque aussitôt sa démission; en 1875, il était élu sénateur.

Victor Hugo était en possession de la gloire politique et littéraire la plus éclatante qu'on eût jamais vue, lorsqu'il mourut, après une agonie de huit jours, le vendredi 22 mai 1885. Suivant sa volonté, ce fut le char des pauvres qui emporta sa dépouille; mais c'est au Panthéon que la France tout entière conduisit et installa ses glorieux restes.

L'Œuvre.

Une de nos gravures ci-contre nous montre Victor Hugo enfant lisant ses premiers vers au général Hugo. Il avait mérité en effet que Chateaubriand l'appelât « l'enfant sublime ». A l'âge de quatorze ans, il ébauche une tragédie, *Irtamène*, écrit un grand drame, *Inès de Castro*, et traduit Virgile en vers. En 1817 il envoie au concours de l'Académie française un poème sur les *Avantages de l'étude* et obtient une mention. En 1819, l'Académie des Jeux floraux lui décerne deux prix. Dès cette époque il était sacré poète par le grand public.

En 1822 parut un premier volume de vers, sous le titre d'*Odes et poésies diverses*; et l'année d'après, son premier roman, *Han d'Islande*. Les *Odes et ballades* sont de 1826, les *Orientales* de 1829. L'année suivante, Victor Hugo débutait à la scène avec *Hernani*, dont la représentation souleva des discussions violentes à cause des libertés que le dramaturge prenait avec les anciennes règles classiques.

Dès lors chacune des œuvres du poète apparut comme un événement littéraire. *Notre-Dame de Paris*, en 1834, le classa au premier rang des romanciers; l'auteur dramatique remportait en même temps un éclatant succès avec *Marion Delorme*, et le poète lyrique avec les *Feuilles d'automne*. De 1831 à 1843, apparaissent des œuvres considérables : *Lucrèce Borgia*, *Marie Tudor*, *Angelo*, *Ruy Blas*, *Les Burgraves*, au théâtre; et comme volumes de poésies, les *Chants du crépuscule*, les *Voix intérieures*, les *Rayons et les Ombres*.

Durant son exil à Jersey, Victor Hugo composa *Les Châtiments*, recueil de satires violentes contre l'empereur Napoléon III et les hommes alors au pouvoir. De Guernesey s'envolèrent les *Contemplations* et la *Légende des siècles*. L'année 1862 vit paraître les *Misérables*, et l'année 1866 les *Travailleurs de la mer*, l'année 1869 *l'Homme qui rit*; entre temps, avait paru un nouveau volume de vers, les *Chansons des rues et des bois*. Puis ce fut l'*Année terrible*, l'*Art d'être grand-père*, l'*Histoire d'un crime*, etc. Chaque année ajouta une œuvre de plus à ce formidable bagage, qui s'enrichit encore des œuvres posthumes. Victor Hugo, en effet, a laissé une quantité considérable de manuscrits, dont la publication se poursuit infatigablement et pieusement, sous la direction éclairée de l'ami et exécuteur testamentaire du grand poète, M. Paul Meurice.

Ces manuscrits, datant de toutes les époques de sa vie, ce sont : *Le théâtre en liberté*, *La Fin de Satan*, *Choses vues*, *Toute la lyre*, *Océan*, etc. Et il reste encore quantité de poèmes, ou de fragments de poèmes. De 1820 à sa mort, Victor Hugo a écrit sans s'arrêter un seul jour. Sa fécondité était quelque chose de prodigieux.

Victor Hugo repose au Panthéon. Son œuvre demeure la plus haute, la plus merveilleuse peut-être de ce siècle et de bien d'autres.

VICTOR HUGO DANS LES DIFFÉRENTES PHASES DE SA VIE.

1. L'Enfant, lisant à son père ses premiers vers. — 2. L'Auteur dramatique donnant des conseils à Mlle Mars. — 3. Le Représentant à la Constituante. — 4. L'Exilé à Jersey.
5. Le Grand-père avec ses petits-enfants, Georges et Jeanne. — 6. Les funérailles : l'exposition du cercueil sous l'Arc-de-Triomphe de l'Étoile.

Après la bataille.

Mon père, ce héros au sourire si doux,
Suivi d'un seul housard qu'il aimait entre tous
Pour sa grande bravoure et pour sa haute taille,
Parcourait à cheval, le soir d'une bataille,
Le champ couvert de morts sur qui tombait la nuit.
Il lui sembla dans l'ombre entendre un faible bruit.
C'était un Espagnol de l'armée en déroute
Qui se traînait sanglant sur le bord de la route,
Râlant, brisé, livide, et mort plus qu'à moitié,
Et qui disait : « A boire, à boire par pitié ! »

Mon père, ému, tendit à son housard fidèle
Une gourde de rhum qui pendait à sa selle,
Et dit : « Tiens, donne à boire à ce pauvre blessé. »
Tout à coup, au moment où le housard baissé
Se penchait vers lui, l'homme, une espèce de Maure,
Saisit un pistolet qu'il étreignait encore,
Et vise au front mon père en criant : « Caramba ! »
Le coup passa si près que le chapeau tomba,
Et que le cheval fit un écart en arrière.
« Donne-lui tout de même à boire », dit mon père.

VICTOR HUGO.

Cette poésie, extraite de la *Légende des Siècles*, fait partie des *Extraits des poètes lyriques du XIXe siècle* (Voir l'annonce page 1 du Supplément).

CONCOURS DES ERREURS

Les réponses nous sont arrivées en si grand nombre que leur classement demande un certain temps. Nous espérons toutefois pouvoir donner les résultats complets de ce Concours dans notre numéro du 15 mars prochain.

Supplément au **Petit Français illustré**, N° 118, *du 1ᵉʳ Mars 1902.*

PETITS TABLEAUX A RELIEF
Jeanne d'Arc à Orléans.

Découper délicatement à l'aide de ciseaux le cadre qui est en haut et à gauche de la planche, enlev
le papier à l'intérieur de ce cadre.

Découper cinq rectangles de carton exactement semblables comme dimensions à l'intérieur du cad
que l'on vient d'enlever. Coller sur ces rectangles de carton les dessins disséminés sur l'ensemble de
planche : sur le 1ᵉʳ de ces rectangles, en haut et à gauche, le dessin sans personnages sur lequel se trou
un cercle presque entier; sur le 2ᵉ, en bas et à gauche, le groupe de personnages à pied; sur le 3ᵉ, c
bas, le groupe où se trouve l'héroïne; sur le 4ᵉ, en haut et à droite, le dessin aux maisons et aux lances
sur le 5ᵉ, en haut, les maisons et les tourelles lointaines. (Pour ces collages, les expressions en haut,
gauche, en bas, etc., signifient que l'angle ou les angles formés par les lignes droites formant la parti
du cadre entourant ces dessins doit ou doivent coïncider avec les mêmes angles des cartons rectangulaires
Ces dessins seront découpés ensuite, en suivant le contour supérieur de tous les dessins, lorsque les car
tons seront bien secs; puis ils seront collés l'un sur l'autre de manière à former, par plans successifs, l
composition d'ensemble que l'on voit sur notre dernière page. Le tout sera encore collé sur un carton
plus grand et des cadres de carton découpés exactement de mêmes dimensions que le cadre dessiné déj
découpé entoureront le tout en dépassant légèrement comme épaisseur l'ensemble de tous les cartons
couverts des fragments de dessins. Sur cette épaisseur de cadres de carton, on collera le cadre dessiné
que l'on peindra en beau jaune d'or. Le petit tableau en relief obtenu sera également colorié en copian
l'aquarelle de la dernière page.

LIBRAIRIE ARMAND COLIN, rue de Mézières, 5, PARIS.

Petite Histoire de la Civilisa-

tion française, depuis les origines jusqu'à nos jours, complément
de tous les cours d'Histoire, par M. Alfred Rambaud, professeur
à la Faculté des lettres de Paris. 1 volume in-12, illustré de
420 gravures **1 75**

Relié toile, tranches dorées. **2 50**

Ouvrage adopté pour les Lycées et Collèges de garçons et de filles (Bibliothèques de quartiers; Livres de prix.)

Cette histoire présente un exposé très net du développement de la civilisation française;

Professeurs et étudiants de l'Université de Paris
au treizième siècle.
Gravure extraite de la Petite Histoire de la Civilisation française.

écrite très simplement, elle procède par grandes
lignes et n'entre pas dans les détails; mais l'auteur, M. Alfred Rambaud, fait saisir en des tableaux pleins de vérité, la vie nationale de la
France aux différentes époques. Il retrace les
mœurs, les coutumes, les institutions des géné-
rations qui nous ont précédés et les progrès in-
cessants de l'agriculture, de l'industrie, du commerce, des arts, des lettres et des sciences.

De nombreuses gravures, accompagnées chacune d'une légende très détaillée, suivent le
texte pas à pas : si bien qu'en feuilletant seulement le livre, le lecteur est frappé des documents caractéristiques qui accusent les conquê-
tes de chaque époque dans le domaine de l'esprit et de la science.

L'ouvrage se termine par un tableau chronologique *illustré* des principales découvertes,
inventions, applications des sciences, fondations littéraires, etc., qui résume d'une façon bien
ingénieuse les progrès accomplis depuis le temps de nos ancêtres les Gaulois jusqu'à nos jours.

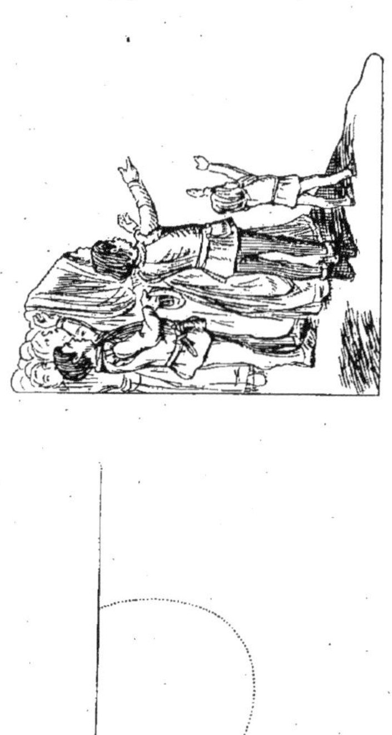

PETITS TABLEAUX A RELIEF. — Jeanne d'Arc à Orléans.

Conseils pour le coloriage des Pavillons.

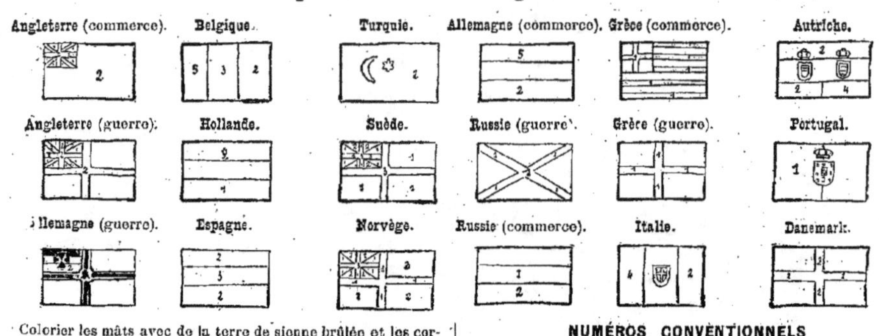

Colorier les mâts avec de la terre de sienne brûlée et les cordages avec de la sépia. Le matelot a un bonnet bleu à gland rouge, une vareuse bleue, un pantalon blanc. La longue-vue qu'il a sur le dos est noire avec ses extrémités en cuivre ; elles seront coloriées en jaune. Son col est d'un bleu plus clair que celui de la vareuse.

NUMÉROS CONVENTIONNELS

Bleu. — N° 1, bleu de Prusse pas trop foncé.
Rouge. — N° 2, vermillon avec un peu de carmin.
Jaune. — N° 3, gomme gutte clair.
Vert. — N° 4, gomme gutte et bleu de Prusse clair.
Noir. — N° 5, encre de Chine ou noir d'ivoire.
Le blanc n'a pas de numéro.

PAVILLONS

Les bâtiments, à la mer ou dans le port, portent le pavillon de la nation à laquelle ils appartiennent soit à la *corne du mât de l'arrière,* soit sur une hampe spéciale placée au-dessus du couronnement, et que l'on appelle *mât de Pavillon.*

Le pavillon est *en berne* quand il est seulement à mi-hauteur de la corne du mât. Cela indique un deuil à bord ou que le bâtiment est en danger et demande du secours.

Quand deux bâtiments se rencontrent, ils se saluent de leurs pavillons. Pour cela les bâtiments de commerce baissent et relèvent (*amènent* et *hissent,* en termes de marine) trois fois de suite leur pavillon. Les bâtiments de guerre ne se saluent jamais entre eux.

Quand un officier général est à bord d'un bâtiment, on hisse en tête de mât un pavillon de commandement. C'est un pavillon semblable à celui de la nation à laquelle apppartient ce bâtiment, mais plus petit. Pour les contre-amiraux, il se hisse au mât d'artimon ; pour les vice-amiraux au mât de misaine. Pour les chefs d'État il se hisse au grand mât.

Quand un bâtiment de guerre arrive dans un port étranger, il salue la terre de vingt et un coups de canon. Au moment du premier coup on déploie (déferle) en tête du grand mât le pavillon de la nation que l'on salue et on l'y laisse tout le temps de la salve.

Les bâtiments de guerre de toutes les nations portent des *flammes* à leur grand mât. Ce sont de petits pavillons très longs et très étroits dont les couleurs sont pareilles à celles de la nation à laquelle ils appartiennent.

En marine, on ne dit pas : « Hisser ou amener le pavillon », on dit *hisser* ou *rentrer les couleurs.* Amener son pavillon, c'est faire acte de soumission ; aussi en marine on n'amène jamais ses couleurs, on les rentre.

Nous donnerons prochainement une seconde feuille de pavillons.

LIBRAIRIE ARMAND COLIN, rue de Mézières, 5, PARIS.

CARTES MURALES VIDAL-LABLACHE

Double face sur carton (1^m^20 sur 1^m^). Gros caractères.

Vient de paraître :

CARTE N° 39 : **France-Géologie,** par M. Welsch, professeur à la Faculté des Sciences de Poitiers. — Recto, Carte géologique de la France. Verso, 4 cartons : Environs de Paris, Environs de Lyon, Bassin houiller du Nord, Bassin inférieur du Rhône.

La carte murale, double face, sur carton (1^m^20 × 1^m^) . . . . **6 fr. 50**

Notice géologique correspondant à la carte **France-Géologie** et contenant : 1° une **Notice** proprement dite ; 2° des **Questions** avec **Réponses.** In-12 cartonné . . **40 cent.**

Nos terrains, par Stanislas Meunier, professeur-administrateur au Muséum d'Histoire Naturelle. Un vol. in-4°, orné de 24 planches hors texte en couleur et de 260 figures en noir, broché . . . **20 fr.**
Relié toile, tranches dorées. . . . . **25 fr.**

Géologie pratique et petit dictionnaire technique des termes géologiques les plus usuels, par L. de Launay, professeur à l'École supérieure des mines. Un volume in-18 jésus, broché . . . **3 fr. 50**

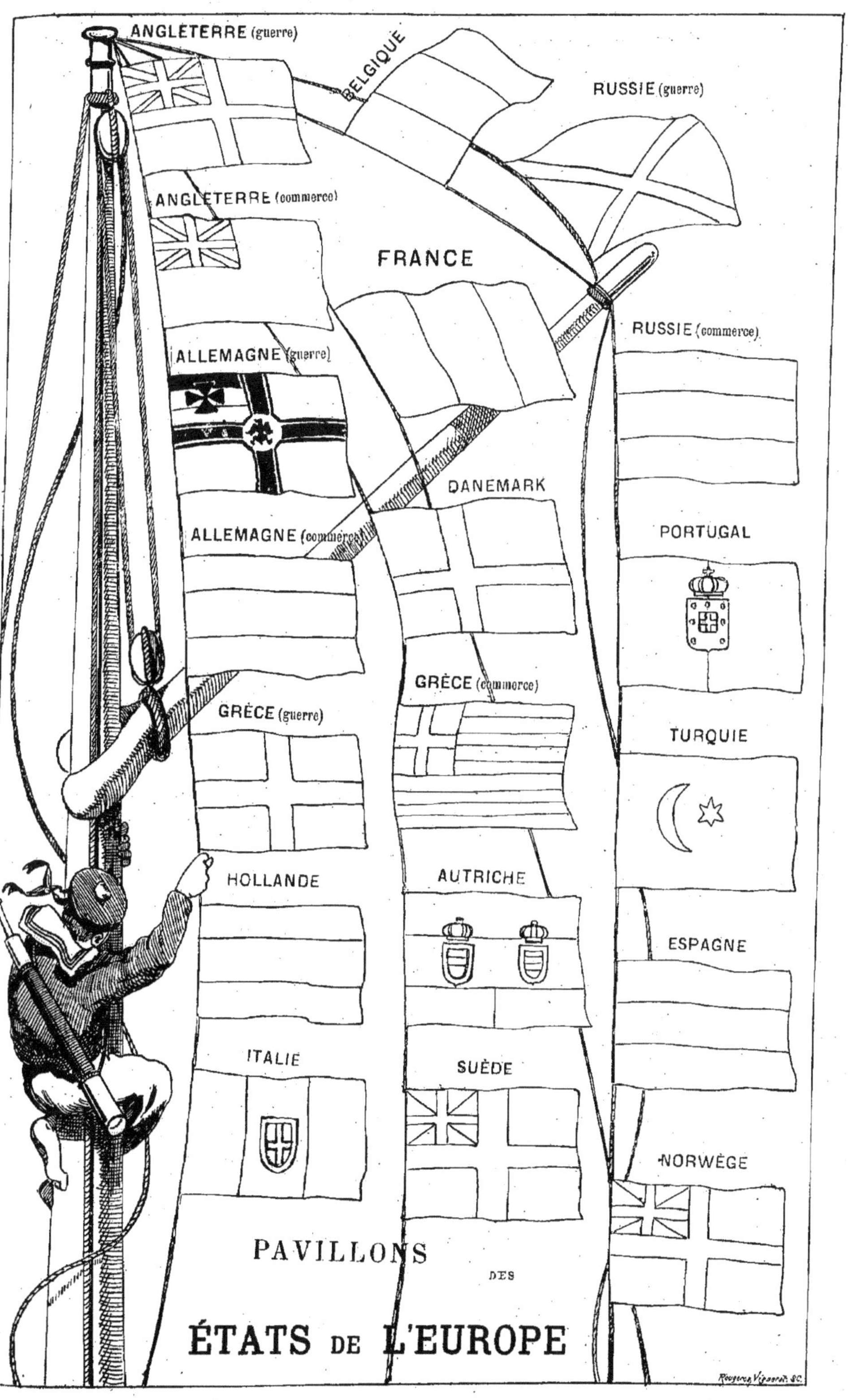

ANGLETERRE (guerre)
BELGIQUE
RUSSIE (guerre)
ANGLETERRE (commerce)
FRANCE
ALLEMAGNE (guerre)
RUSSIE (commerce)
ALLEMAGNE (commerce)
DANEMARK
PORTUGAL
GRÈCE (commerce)
GRÈCE (guerre)
TURQUIE
HOLLANDE
AUTRICHE
ESPAGNE
ITALIE
SUÈDE
NORWÈGE
PAVILLONS
DES
ÉTATS DE L'EUROPE
Rougeron Vignerot SC.

*Supplément au **Petit Français** illustré* N° 120, du 15 mars 1902.

Bibliothèque du Petit Françai

Volumes in-18 jésus, brochés : **2 fr.** ; reliés toile, tranches dorées : **3 fr.**

55 volumes parus

L'Ami Benoît, par BERNARD DE LAROCHE ; illustrations par Ch. Crespin.

L'Apprentie du Capitaine, par PIERRE PERRAULT ; illustrations par Lecoultre.

Les Colères du Bouillant Achille, par Mᵐᵉ d'AGON DE LA CONTRIE ; illustrations par Fauret.

Le Capitaine Henriot (*Chevaliers errants*), par A. MÉLANDRI ; illustrations par José Roy.

Chez Mademoiselle Hortense, par MARIE DELORME ; illustrations par Moulignié et Ch. Crespin.

Chryséis au Désert, par GÉRALD-MONTMÉRIL ; illustrations par E. Lœvy.

Au Clair de la Lune, par R. CANDIANI ; belles et nombreuses illustrations.

Corsaires et Flibustiers (*Chevaliers errants*), par A. MÉLANDRI ; illustrations par José Roy.

Le Droit Chemin, par S. BLANDY ; illustrations par Gil-Baer.

L'Émeraude des Incas, par CH. NORMAND ; illustrations par Faria et Martin.

En Haut du Beffroi, texte et dessins par A. ROBIDA.

L'Exil d'Henriette, par ROGER LIQUIER ; illustrations par Paul Steck.

La Famille Fenouillard, texte et dessins par CHRISTOPHE.

Les Filles du Clown (Rita), par MARIE DELORME ; illustrations par Émile Bayard fils et L. Denis.

Les Fredaines de Mitaize, par PIERRE FICY ; illustrations par Bertrand.

Frères de lait, par ACHILLE MÉLANDRI ; illustrations par Henriot et Verney.

Histoire de deux Enfants de Londres, récits adaptés de l'anglais par P. D. ; illustrations par Martin.

Histoire d'un Honnête Garçon, par LEROY ; illustrations par Bogaert.

Histoire d'un Vaurien, par MAGBERT ; illustrations par E. Mas.

Historiettes pour Pierre et Paul, par J. JARRY ; illustrations par C. Bourgain.

Le Hochet d'Or, par CH. ZIDLER ; illustrations par Geoffroy.

L'Idée fixe du Savant Cosinus, texte et dessins par CHRISTOPHE.

Jacques la Chance et Jean la Guigne, par MARIE-ROBERT HALT ; illustrations par Faria.

Jamais Contents ! par GÉRALD-MONTMÉRIL ; illustrations par Mucha.

Journées de deux petits Parisiens ; Jacques et Juliette, par J. MALASSEZ ; illustrations par Moulignié.

Jours d'Épreuves, par Mᵐᵉ HAMEAU. Nouvelles suédoises ; illustrations par Robida, Ruty, Martin, Faria, Moulignié et Moreno.

Kerbiniou le Très Madré, texte et dessins par A. ROBIDA.

Les Lunettes bleues, par MAGBERT ; illustrations par Mucha et Martin.

Mémoires d'un Éléphant blanc, par JUDITH GAUTIER ; illustrations par Mucha et Ruty.

Les Mémoires de Primevère, par GABRIEL FRANAY ; illustrations par Amélie Bertrand.

Mon Ami Rive-Gauche, par MAGBERT ; illustrations par Moulignié.

Le Moulin Fliquette, texte et dessins par A. ROBIDA.

Le Mystère de Courvaillan, par A.-J. DALSÈME ; illustrations par Georges Redon.

Le Pari d'un Lycéen, par J. CHANCEL, illustrations par Henriot.

Les Petits Cinq, par CH. NORMAND ; illustrations par Heidbrinck.

Les Petits Patriotes, par EMILE CÈRE.

Pierrot et Cⁱᵉ, par ROGER DOMBRE ; illustrations par Lecoultre.

Le Portefeuille rouge, par GUY TOMEL ; illustrations par Georges Redon.

Princesse Sarah, traduit et adapté de l'anglais par GEORGES LAMY ; illustrations par Martin.

Les Prisonniers de Bou-Amâma, par MARTIAL BLANC ; illustrations par Kauffmann.

La Providence de François, par B. SCHMIDT ; illustrations par Ch. Weisser.

Le Pupille de mon Ami, par PIERRE PERRAULT ; illustrations par Lecoultre.

Robert le Diable et Cⁱᵉ, par EDMOND PASCAL ; illustrations par Moulignié.

Les Robinsons de la Nouvelle-Russie, par R. CANDIANI. Belles et nombreuses illustrations.

Le Roi de l'Ivoire, par MARTIAL BLANC ; illustrations par G. Scott.

Le Sapeur Camember, texte et dessins par CHRISTOPHE.

Six Nouvelles, par CH. NORMAND ; illustrations par Henri Pille et Mucha.

Tante Dorothée, par MARIE DELORME ; illustrations par Weisser.

La Teppe aux Merles, par S. BLANDY ; illustrations par E. Mas.

Le Théâtre chez Grand'Mère, par MARIE DELORME ; illustrations par Slom.

Une Histoire de Sauvage, par EDMOND PASCAL ; illustrations par Kauffmann.

Les Vacances de Prosper, par HENRY MARCHAND ; illustrations par F. Courboin.

Voyage du Matelot Jean-Paul en Australie, par C. DE VARIGNY ; illustrations par Moulignié, E. Mas, etc.

Voyage du Novice Jean-Paul à travers la France d'Amérique, par G. LAMY.

Yves Kerhélo, par MARIE DELORME ; illustrations par G. Scott.

Envoi franco sur demande, du Catalogue BIBLIOTHÈQUE DU PETIT FRANÇAIS.

Le Supplice de la Roue par o'Galop

Tandis que passait le cortège de la sultane favorite, le jeune poète Ali Allo, distrait, puis extasié, a osé contempler la perle sans rivales..... Or, elle était sans voile !.....

C'est là, en Turquie, un crime épouvantable !... Aussitôt, le pauvre rêveur se voit entouré, assailli de janissaires et d'eunuques qui le rouent de coups et le passent à tabac... (d'Orient, bien entendu).

Et sans désemparer, chargé de chaînes, il comparaît devant le tribunal secret, qui le condamne, sans appel, au terrible supplice de la roue...

Seul, dans son cachot, Ali fait de tristes réflexions !... mais une porte s'ouvre sans bruit... une voix, la voix de la sultane, lui murmure : « *Apa peurfi ston* », ce qui veut dire : « Ne crains rien ».

Le lendemain, au petit jour, Ali est amené sur le lieu du supplice.
Là, on l'attache solidement à une roue...

... puis le tout est roulé au bord d'un ravin à pic, hérissé de roches menaçantes... les corbeaux et les vautours attendent leur proie... Alors la roue et l'homme sont précipités dans le vide...

La roue, lancée avec force, rebondit roches en roches..... supplice abominable !..... Et le cruel sultan est en s... pour voir ce qui restera d'Ali...

Mais il est bien épaté !!!... Le premier mot d'Ali ouvrant les yeux est : « **ENCORE!** » Grâce à la sultane avisée, la roue avait été munie du **FAMEUX PNEUMATIQUE MICHELIN** qui **BOIT** les obstacles. Ali obtint le pardon du sultan.

Et le sultan s'empressa de faire garnir tous les carrosses de ces excellents **PNEUS MICHELIN** dont il avait pu apprécier *de visu* à la fois : la souplesse, la solidité et la vitesse.

IMAGE A COLORIER

(Voir les conditions du concours à la page 1 de ce supplément).

Jeu de Nain Jaune

Nous donnons aujourd'hui à nos lecteurs et lectrices la moitié d'un grand et joli jeu de Nain jaune.

Il faudra, lorsque la seconde partie aura paru, coller les deux feuilles bout à bout sur 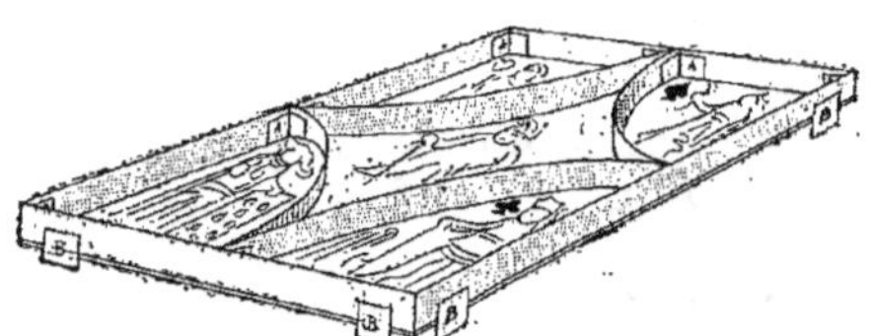 un carton fort et ajuster sur les grosses lignes noires des bandes de carton plus léger ; ces bandes auront deux centimètres de hauteur ; elles seront collées aux angles et donneront au jeu complet l'aspect ci-contre.

En A, sont indiquées les papiers collant les bandes de carton léger entre elles, et en B les papiers collant ce même carton léger sous le carton fort du fond, ces papiers seront rabattus sous le fond.

Prochainement nous donnerons la seconde moitié du jeu.

LIBRAIRIE ARMAND COLIN, rue de Mézières, 5, PARIS.

BIBLIOTHÈQUE DE ROMANS POUR LES JEUNES FILLES

Vient de paraître :

Jacinthe, par Georges Beaume. Un volume in-18 jésus, broché. 3 50

Dans la même collection, précédemment parus :

Roberte, par Léon Barracand. Un volume in-18 jésus, broché 3 50

Les Quissera, par Georges Beaume. Un volume in-18 jésus, broché 3 50

Les trois filles de Pieter Waldorp, par Jean Bertheroy. Un volume in-18 jésus, broché 3 50

Le Journal de Marguerite Plantin, par Jean Bertheroy. Un volume in-18 jésus, broché 3 50

Similla, par Jean Blaize. Un volume in-18 jésus, broché. 3 50

La Cadette, par Marie-Anne de Bovet. Un volume in-18 jésus, broché. 3 50

Mayotte, par M. Breen. Un volume in-18 jésus, broché. 3 50

Millionnaire, par Jean Charlette. Un volume in-18 jésus, broché. 3 50

Une Diplomate, par B. M. Croker (traduction de C. X. Verrier). Un vol. in-18 jésus, br. . 3 50

Les Demoiselles Danaïdes, par Roger Dombre. Un volume in-18 jésus, broché. 3 50

Le Médecin de Belle-Maman, par Roger Dombre. Un volume in-18 jésus, broché . . . 3 50

Tante Rabat-Joie, par Roger Dombre. Un volume in-18 jésus, broché 3 50

Chez les Corsaires, par Ariste Excoffon. Un volume in-18 jésus, broché 3 50

Le Roi des Neiges, par Charles Foleÿ. Un volume in-18 jésus, broché 3 50

Le Château des Airelles, par Gabriel Franay. Un volume in-18 jésus, broché. 3 50

Mademoiselle Huguette, par Gabriel Franay. Un volume in-18 jésus, broché. 3 50

Sans Mari, par Mme V. Le Coz. Un volume in-18 jésus, broché 3 50

Morgane, par Charles Le Goffic. Un volume in-18 jésus, broché 3 50

Le Mariage de Léonie, par Frédéric Plessis. Un volume in-18 jésus, broché 3 50

Vers la Vie, par Ch. Recolin. Un volume in-18 jésus, broché. 3 50

Le Mystère de la rue Carême-Prenant, par A. Robida. Un volume in-18 jésus, broché. 3 50

Princesse Esseline, par Charles de Rouvre. Un volume in-18 jésus, broché. 3 50

Tuons le Mandarin, par Jean Sigaux. Un volume in-18 jésus, broché. 3 50

Châteaux de Cartes, par J. Thiéry. Un volume in-18 jésus, broché. 3 50

Monsieur le Neveu, par J. Thiéry. Un volume in-18 jésus, broché. 3 50

God save the Queen ! par Allen Upward (traduction G. Elwall). Un volume in-18 jésus, broché. 3 50

La Princesse, par Sophie Urbanowska (traduction de R. Candiani). Un volume in-18 jésus, broché. 3 50

La Pension du Sphinx, par Colette Yver. Un volume in-18 jésus, broché 3 50

Chaque volume, avec reliure artistique, toile bleue . . 4 fr. 50

Jeu de Nain Jaune (1re partie).

(La seconde partie sera donnée prochainement.)

Résultat du Concours des Erreurs

Beaucoup de nos lecteurs, gens d'imagination, ont découvert une foule d'erreurs qui n'en étaient pas, dans le croquis de la « Drôle de ferme ». Les Erreurs principales, les seules vraiment indiscutables, sont les suivantes :

1° La fumée de la ferme et la girouette du pigeonnier indiquent des vents contraires.

2° Une oie ne se perche jamais.

3° Un coq n'a pas les pattes d'un perroquet.

4° Une poule n'a pàs les pattes d'une oie.

5° Le pêcheur : on ne pêche pas de turbots dans de l'eau douce, et c'est de l'eau douce, car la cascade indique que l'eau vient de l'intérieur des terres.

6° La vache a des pieds de cheval.

7° La même a un nombre de pis invraisemblable.

8° La même a des incisives à la machoire supérieure, ce qui ne s'est jamais vu chez un ruminant.

9° La rivière passe sur le sommet d'une colline au lieu de suivre les sinuosités d'une vallée.

(Voir la suite page 2 de ce Supplément).

RESULTAT
du Concours des Erreurs

PREMIERS PRIX

Nos Terrains, par STANISLAS MEUNIER. 1 vol. in-4°, rel. toile, tr. dorées. Prix : **25 fr.**

Bréchot (Emile).	Lauvernet (Louis-Julien).	Raymond (René).
Castanier (Louis).	Quirini (Marie).	Thouvenin (Geneviève).

PREMIERS ACCESSITS

Curiosités de l'Histoire naturelle, par H. DE VARIGNY. 1 vol. in-18 jés. br. Prix : **3 fr. 50**

Biblioth. scol. de Chailley	Lortie (Charles).	Mironneau (M.).	Pasquin (Jean).
Dano (Georges).	Mailhe (A.).	Morise (René).	Ridet (Jacques).

DEUXIÈMES ACCESSITS

A Travers nos Colonies, par JOSSET. 1 vol. in-18, rel. toile, tr. dorées. Prix : **2 fr. 50.**

Aquilon (A.).	Châtelain (René).	Leroux (Paul, Germaine)	Mongis (Henri).
Blondeaux (Yvonne).	Filleron (Pierre).	Leroy (Paul).	Moreau (Fernand).
Bony (Georges).	Germain (Henri).	Marin (Aline).	Picard (Marie).
Cabanes (Elie).	Grangié (Jacques).	Michelet (Paul).	Quatrevaux (Maurice).

TROISIÈMES ACCESSITS

Album agricole, par D. ZOLLA, JENNEPIN et HERLEM. 1 vol. in-4° cart. Prix : **2 fr. 25.**

Aubert (Paul).	Ecole de filles de Bellot.	Lavergne (Jean).	Pommerenke (René).
Baudard (Suzanne).	Estrade (E.).	Legrand (Alphonse).	Pottier (Léon).
Bontemps (François).	Fachet (Paul).	Lignoux (Andrée).	Rebouillat (Victorine).
Collot (Arthur).	Férand (Henri).	Maire (Gabriel).	Spach (Alfred).
Delachaume (Gaston).	Fermond (Louis).	Moniod (Emile).	Sallerne (Jeanne).
Demanet (Marie).	Fest (Eugène).	Moutet.	Simonin (Renée).
Dessertine (Simone).	Horn (R.).	d'Oldenbourg (Mme).	Thévenot (Maurice).
Douin (André).	Larcher (Lucienne).	Picard-Deshays (Jacques)	Vivien (Gérald).

Les mentions seront publiées dans notre prochain Supplément. Elles recevront, comme souvenir de ce concours, une jolie carte illustrée.

Appareil à reproduire les dessins

Nous avons donné, il y a quelques années, le modèle d'un appareil à reproduire les dessins En voici un autre, un peu différent.

Préparez 4 petites planchettes d'égale longueur (fig. 1). Assemblez-les deux à deux, en plaçant entre elles un morceau de carton de même longueur mais plus étroit (fig. 2), et à peu près de l'épaisseur d'une feuille de verre. Vous avez donc 2 planchettes avec une rainure (fig. 3).

Sur une planche à dessin, vous tracerez avec un T (fig. 4) une ligne sur le milieu. Sur cette ligne, vous placerez (soit avec des pointes, soit à la colle forte) vos deux planchettes, les rainures se regardant. Vous aurez soin de les placer à la distance voulue, pour que vous puissiez y glisser un verre de vitre ou tout autre; il suffira alors de fixer avec des punaises, sur le côté gauche de la planche, le modèle que vous voulez reproduire; sur le côté droit vous fixerez un papier blanc. En regardant en biais sur la gauche de la vitre, vous verrez le dessin reproduit sur le papier blanc et vous n'aurez qu'à en suivre les contours avec un crayon ou une plume.

Fig 1
Fig 2
Fig 4
A
B
Fig 5
Fig 3

RÉSULTAT
du Concours des Erreurs

(Suite)

MENTIONS

Abbadie (Henri).	Beaumaris (H.).	Borgers (Gusty et Inès).	Chauvin (Elie).
Adam (A.).	Béclu (Madeleine).	Bouquet (Louis).	Chavance (Emile).
Albouy (Antoine).	Beldant (Camille).	Bourguin (Adeline).	Chérouvrier (Louis).
Amelin (Pierre et Eug.).	Benoist (Marcel).	Boussac (André).	Chrétien (Marguerite).
Ancelles (Georges).	Berdalle (André).	De Brabandère (J.).	De Cienski (Roman).
D'Andecy (Elisabeth).	Berdou.	Braillon.	Cochin (Ch.).
Antérion (Lucile).	Bernard (Charles).	Brefford (P.).	Colas (Jacques).
Anthoine (A.).	Berruet (Maurice).	Breton (Gustave).	Collin (Denise).
Ardouin (Paul).	Berthault (Marguerite).	Bricaud (Auguste).	Cordebart (Jean).
Armérie (Raymonde).	Berthier (Joannès).	Brillet (J.).	Cornez (Louis).
Arnon (Isabelle).	Berton (Louis).	Brunet (J.).	Cottin (Elisabeth).
Aubert (Henri).	Besson (Henri).	Bugnicourt (Paul).	Court (Albert).
Augé (Pierre).	Bethoux.	Buisson (J.).	Van Cutsem (Léon).
Bacqué (Marie).	Beylinska (Wanda).	Caillette (Marie-Louise).	Damié (Sarah).
Bader (Maurice).	Bibolet (Emile).	Cambier (Maurice).	Dampenon (Louis).
Bailly (Robert).	Billard (Lucien).	Canabry (Louis).	Damysz.
Barataud (Marcel).	Binet (Marcel).	Caquineau (A.).	Daubin (Marcel).
Barbéry (Pierre).	Blais (Jules).	Castro (Alfredo).	Dauvergne (Mlle H.).
Barneaud (Fanny).	Blanchard (Jean).	Cerisier (Albert).	Delafoix (Roger).
Bastie (A.).	Bocquillet (Emile).	Chabas (Véran).	Delas (Edmond).
Bataillon (Lionel).	Bohny (Marcel).	Champagnoux (Georges).	Deleplanque (Raymond).
Bax (Charles).	Boissonnet (Léon).	Chamvres (Ecole de).	Delpech (Jean et Paul).
Beau (Adrien).	Bonnet (Henry).	Charpentier (Roger).	Demangel (Charles-Emile).
Baumann (Maxime).	Boulanger (François).	Charriot (Ferdinand).	Demarquet (Cécile).

Voir la suite à la page 4 de ce Supplément.

LIBRAIRIE ARMAND COLIN, rue de Mézières, 5, PARIS.

Vient de paraître :

L'Art religieux du XIIIe siècle en France,

étude sur l'iconographie du Moyen Age et sur ses sources d'inspiration, par EMILE MALE. Nouvelle édition publiée en un format agrandi et illustré de 127 gravures. Un volume in-4° carré (28 × 23), de 468 pages, broché. . . . . **20 fr.**

Ouvrage couronné par l'Académie des Inscriptions et Belles-Lettres (Prix Fould).

Jeu de Nain Jaune

Nous donnons aujourd'hui la seconde moitié du jeu de Nain jaune (voir pour la 1re moiti le supplément numéro 121).

Il faut coller les deux feuilles bout à bout sur un carton fort et ajuster sur les grosse

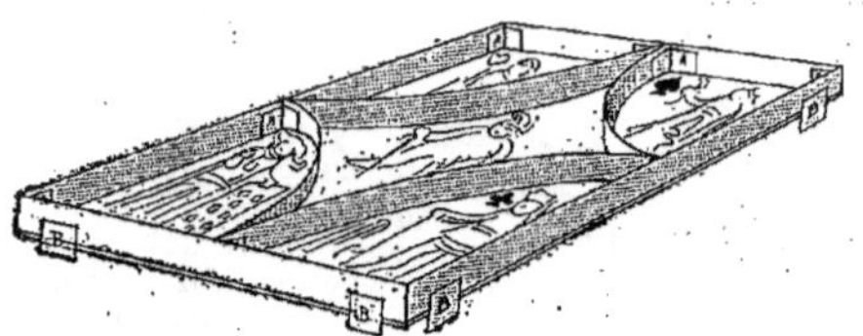

lignes noires des bandes de carton plu léger; ces bandes auront deux centimètres de hauteur; elles seront collées aux angle et donneront au jeu complet l'aspect ci-contre.

En A, sont indiquées les papiers col lant les bandes de carton léger entre elles, et en B les papiers collant ce même carton léger sous le carton fort du fond, ces papiers seront rabattus sous le fond.

LIBRAIRIE ARMAND COLIN, rue de Mézières, 5, PARIS.

Album historique, publié sous la direction et avec une préface de

M. ERNEST LAVISSE, de l'Académie française, professeur à la Faculté des Lettres de Paris, par M. A. PARMENTIER, agrégé d'histoire et de géographie, professeur au collège Chaptal.

* **Le Moyen âge,** du IVe à la fin du XIIIe siècle. Un volume in-4° carré, 2000 gravures, d'après des documents originaux, broché. . . . . **15** fr.

** **Fin du Moyen âge,** Renaissance et Réforme. Un volume in-4° carré, 2000 gravures, d'après des documents originaux, broché. . . . . **15** fr.

*** **Les XVIe et XVIIe siècles.** Un volume in-4° carré, 1500 gravures d'après des documents originaux, broché. . . . . **15** fr.

Chaque volume, relié toile, tranches jaspées. . . . . . . **18** fr.
Chaque volume, relié toile, tranches dorées. . . . . . **20** fr.

(Voir à la première page du présent numéro, la gravure extraite de l'**Album historique.**)

Nos Bêtes, par le Dr HENRI BEAUREGARD, assistant de la chaire d'anatomie comparée du Muséum. Ouvrage illustré de nombreuses figures en noir, accompagné de planches en couleur, dessinées et peintes d'après nature, par A. Millot et Juillerat, et reproduites à l'aide de 18 teintes par la chromolithographie.

* **Animaux utiles.** Un volume in-4°, 22 planches en couleur hors texte et 270 figures en noir, broché . . . . **20** fr.

** **Animaux nuisibles ou sans utilité.** Un vol. in-4°, 22 planches en couleur hors texte et 253 figures en noir, broché. . . . . **20** fr.

Chaque volume, relié toile, tranches dorées 25 fr.

(Voir à la dernière page du présent numéro, les gravures extraites de **Nos Bêtes.**)

Jeu de Nain Jaune (2ᵉ partie).

MENTIONS *(Suite)*

Demeurs (Marguerite).
Depoix (Jules).
Derson (Pierre).
Désévaux (Albert).
Desportes (Maxime).
Détallante (Marcel).
Devaux (Simone).
Dombret (Jules).
Dor (André).
Doussot.
Dubois (Valéry).
Dufour (Robert).
Dufour (Suzanne).
Dumay (Georges).
Dumoulin (Antoine).
Dupire (Maxime).
Dupré (Louis).
Dupuis (Ed.).
Duriez (J.).
Duray (René).
Durupt (Fernand).
Dussurgey (Eugène).
Dutacq (Madeleine).
Duvillier (François).
Eng (Roger).
Fabre (Jean).
Fabre (Mlle et MM.).
Fallus (Raoul).
Famin (J).
Faure (Jean).
Fayol (Madeleine).
Feschotte (Jacques).
Février (Germain).
Fillion (Henri).
Fortier (Gabriel).
Forveille.
Fredet (Gabriel).
Fredouille (Louise).
Garçon (Maurice).
Gary de Faviès (Paul).
Gélot (Léon).
Georges (Joseph).
Ghesquière (Jean).
Gieczenwicz (Jeanne).
Gillet (Alfred).
Gillet (Lucienne).
Girardin (Gabriel).
Giraud (L.).
Girou.
Glachon (G.).
Godefroy (Marcel).
Gontan (Philippe).
Gorlier (Jean).
Gouriet (Jeanne).
Gout (Suzanne).
Graff (Henri).
Graindorge (Marcel).
Granier (Paul).
Grebet (Maurice).
De Grétry (Bernard).
Griesmer (Daniel).
Gruffy (René).
Gubel (Daniel).
Guérin (G.).
Guérineau (Georgette).
Guien (Auguste).
De Guigné (Jean).

Guillotteau (Maxime).
Guthind (Jeanne et Charles).
Haury (Pierre).
Hauser (Suzanne).
d'Herculais (J. H.).
His (J.).
Holban (Aglaë).
Hoor (Auguste).
Hostin-Augier (Jules).
Hovelacque (Amédée).
Hugo (Georges).
Hugot (Gilbert).
Huyet (Jean).
Igou (H.).
Jénot (Camille).
Jutteau (Jeanne).
Krauss (Emile).
Krumeich (Edouard).
Laborde (Mlles).
Lafargue (Lucile).
Lafon (Franc).
Lagasse (Paul).
De Lagatinerie (Lucienne).
Lalanne (Georges).
Laloy.
Lamarche (Stéphane).
Lamboley (Fernande).
Lavy (Robert).
Lebeaux (Charles).
Leboeuf (François).
Le Bihan (Eugène).
Lecorbeiller fils.
Lefebvre (Madeleine).
Lefèvre (Ernest).
Lefèvre (Marie-Isabelle).
Lefin (Albert).
Lefort (Robert).
Legay (Félix).
Legay (Fernand).
Legrand (Octave).
Lehr (Mlle et MM.).
Lèques (G.).
Lesack (Suzanne).
Levesque (Edmond).
Lévy-Morelle (Jacques).
Litoutchenko (Dmitri).
Loer (Emile).
Loir (Jean).
Loir (Marcel).
Loron (Claire).
Ludger (Gaston Mony).
Lustig (Béatrice).
Macé (Emile).
Mahut (Germaine).
Maillier (Charles).
Manent (Alfred).
Mangenot (Charles).
Mantel (Odette).
Mantout (Marcel).
Marchand (Pierre).
Maret (Lucien).
Marguerie (Paul).
Marie (Joseph).
Marin (R.).
Marquignon (Charles).
Martin.
Martin (Jeanne).

Martinet (Jeanne).
Massin (Henri).
Masson (Ernest).
Mastias (Gaston et Pierre).
Mathis (Joseph).
Matton (Auguste).
Maugars (Jacques).
Mavrodi (Georges).
Mayade (J.).
Méchin (Paul).
Mermilliod (Eugène).
Mertens (Maurice).
Métayer (Gaston).
Mettetal (P.).
Meurgey (Jacques).
Meyzenc (Pierre).
Miche (M.).
Michel (Magdeleine).
Mignet (Charles).
Milhau (Paul).
Millet (Louise).
Milliaud (Emmanuel).
Moch (Jules).
Monbanu (Frédéric).
Monsanglant (Maurice).
Montchamp (Eugène).
Moreau (André).
Moreaux (René).
Morel (Fernande).
Morel (Maurice).
Motte (Irène).
Muquruja.
Mussat (Pierre).
Naud (Gaston).
Néouze (Marcel).
Neyrat.
Nias (Paul).
Nicolet (Frédéric).
Obrecht (André-Edmond).
Ooms (Paul).
Oppermann (Constantin).
Oudin (Renée).
Parant (Gaston).
Pazery (Maurice).
Pécheur (André).
De Pelichy (Yvonne).
Pellissier (Paul).
Péradou (Pierre).
Perez (Jean).
Perrin (René).
Petit (Louis).
Philippon (Anne-Marie).
Pichereau (Anne).
Piédoz (Amandine).
Pillon (Germain).
Pineau (Louis).
Piré (Raoul).
Plagneux (Edouard).
Plouin (Henri).
Poccard (Jean).
Poplimont (André).
Pognon (Béatrice).
Ponsol (Léonce).
Poupin (Victor).
Préaux (Maurice).
Prevost (Jean).
Raymond (Jules).

Reimann (Eugène).
Renard (Jacques).
Ribairon (Pierre).
Riff (Adolphe).
Rigollet (Léon).
Robert (Fernand).
Robin (R.).
Robine (Jean).
Rochat (André).
Rooman (Alban).
Roy (André).
Rueg (Georges).
Rupé (Jules).
Sagette (Louis).
Sayn (Pierre).
Schepens (Marcel).
Schulhoff (Suzanne).
Secrétant (Maurice).
Selve (Henry et Jacques).
Serres (Paul).
Servais (Edgard).
Simian (Ernest).
Solberg (Henry).
Sonck (Edmond).
Van Soust de Borkenfeld
　(Marcel).
Sporck (P.).
Strohl (Madeleine).
Stuyck (Fernand).
Subtil (Gaston).
Suon (Nelly).
Tand (Charles).
Taskin (Jacques).
Templier (R.).
Tessier (G.).
Théry (P.).
Théry (René).
Thibaud (Madeleine).
Thomas (Ch.).
Thomas (Charles).
Tournade (Louise).
Toussaint (Louis).
Turgis (Gabriel).
Turpaud (E.).
Umbricht (Marie-Thérèse).
Valot.
De Varine (Jacques).
Vastine (Michel).
Vautier.
Veraeghe de Naeyer (Roger).
Verger (René).
Vieille (Paul).
Vieillot (Ch.).
Vignat (Eugène-Albert).
Villadere (André).
Villetel (Jeanne).
Vincent (Pierre et André).
Vincent (Sophie).
Vinson (Paul).
Vital van Herstraeten.
Vivier (Gilbert).
Voyna (Nina).
Walk (Félix).
Wenning (Edmond).
De Woelmont (W.).
Wolf (André).
de Wolff de Clairbois.

NOTRE PROCHAIN ROMAN

Le N° 125 (19 avril) donnera la fin des *Aventures de Rémy*. Nous commencerons donc le 26 de ce mois une nouvelle histoire, dont le titre à lui seul est toute une promesse, par le contraste amusant qu'il fait prévoir entre les deux principaux personnages :

Le petit GRAND et le grand PETIT

a été spécialement écrit pour "*Le Petit Français Illustré*" par un des écrivains qui ont le plus d'expérience et de savoir-faire dans l'art d'intéresser, d'émouvoir les jeunes intelligences, et d'enfermer une leçon morale dans un récit plein de péripéties amusantes.

Le petit GRAND et le grand PETIT sera bien accueilli de tout notre jeune public.

NOS PROCHAINS CONCOURS

Nos lecteurs ont pu remarquer que nous ne leur ménageons pas les concours depuis quelque temps. Notre intention est de persévérer dans cette voie, où ils trouvent tout à la fois un enseignement, une distraction et un petit profit. Outre les grands concours qui reviennent périodiquement et auxquels sont attachés de nombreux prix, accessits et mentions, nous en préparons toute une série de moindre importance, qui comporteront aussi des récompenses, mais où les noms des vainqueurs seuls seront publiés.

Sans en dire davantage pour aujourd'hui, annonçons seulement que, dans cet ordre d'idées, notre collaborateur **TOM TIT**, si aimé de nos jeunes lecteurs, leur prépare des surprises, dont la première fera l'objet d'un prochain supplément.

FLEURS EN PAPIER. — PLANCHE X.

Conseils

19. — ROSE MOUSSEUSE.

Pliage et découpage. — Prenez un carré de papier rouge de 5 cm. 1/2 de côté · *f. 1*, et roulez-le autour d'une grosse aiguille à tricoter : *f. 2*; puis, avec les ongles, poussez les deux extrémités du rouleau vers le milieu : *f. 3*. Déroulez doucement pour ne pas altérer le gaufrage; enroulez un peu les deux extrémités qui étaient à l'intérieur : *f. 4*. Faites dans le côté opposé un pli creux : *f. 5*. Préparez 6 autres pétales semblables. Opérez de même sur un carré de 7 cm. de côté et faites ainsi 8 nouveaux pétales. Vous en avez alors 15.

Construction. — Préparez une boulette d'ouate que vous fixez à l'extrémité d'une tige de fil de fer d'environ 15 cm. de long : *f. 6*. Recouvrez complètement cette boule avec un des petits pétales : *f. 7*. Placez les 6 autres en contrariant leurs ouvertures : voir *Disposition des pétales* : *f. 8*, puis liez la base avec du fil fin. Continuez à placer autour de la fleur commencée les 8 grands pétales. Liez fortement la base avec du fil un peu fort. Rognez l'excès du papier au-dessous de ce fil. Le calice se compose de 5 ou 6 brins de mousse que vous liez également. Pour terminer, enroulez autour de la tige une bande de papier vert qui cachera la base de la mousse.

Nuances du papier. — Rose pâle, rose, rouge et rouge foncé pour la corolle, vert pour la tige.

20. — REINE-MARGUERITE.

Pliage et découpage. — Découpez dans un feuille de papier 3 carrés de 3 cm. de côté; 3 de 4 cm.; 3 de 5 cm.; 3 de 6 cm.; 3 de 7 cm. Pliez-e un en 2 : *f. 1*, puis en 4 : *f. 2*, puis en 8 : *f. 3* puis en 16 : *f. 4*. Découpez suivant le patron spécial à chaque grandeur. Dépliez et étendez-le su la paume de la main. Passez dans le milieu d chaque pétale l'extrémité des ciseaux fermés pou former une nervure médiane : *f. 5*. Opérez ains pour les 14 autres carrés. Découpez ensuite dan du papier vert : 2 carrés de 4 cm. de côté que vou traitez comme les autres carrés, en ayant soin d les découper suivant le patron du calice.

Construction. — Prenez une petite boul d'ouate : *f. 6*, que vous placez dans la boucle d'un tige de fil de fer d'environ 15 cm. de long : *f. 7* Tordez le fil de fer pour maintenir le coton : *f. 8* puis recouvrez cette boulette de papier jaune e serrez la base de ce papier avec un peu de fil : *f. 9*. Enfilez dans la tige chaque corolle préparée en commençant par les plus petites. Terminez par le papiers verts. Le dernier a la concavité tournée e bas, tous les autres l'ont en haut. Enroulez autour de la tige une bande de papier vert.

Nuances du papier. — Violet foncé, violet pâle, blanc, rose, jaune pour le cœur; vert pour la tige.

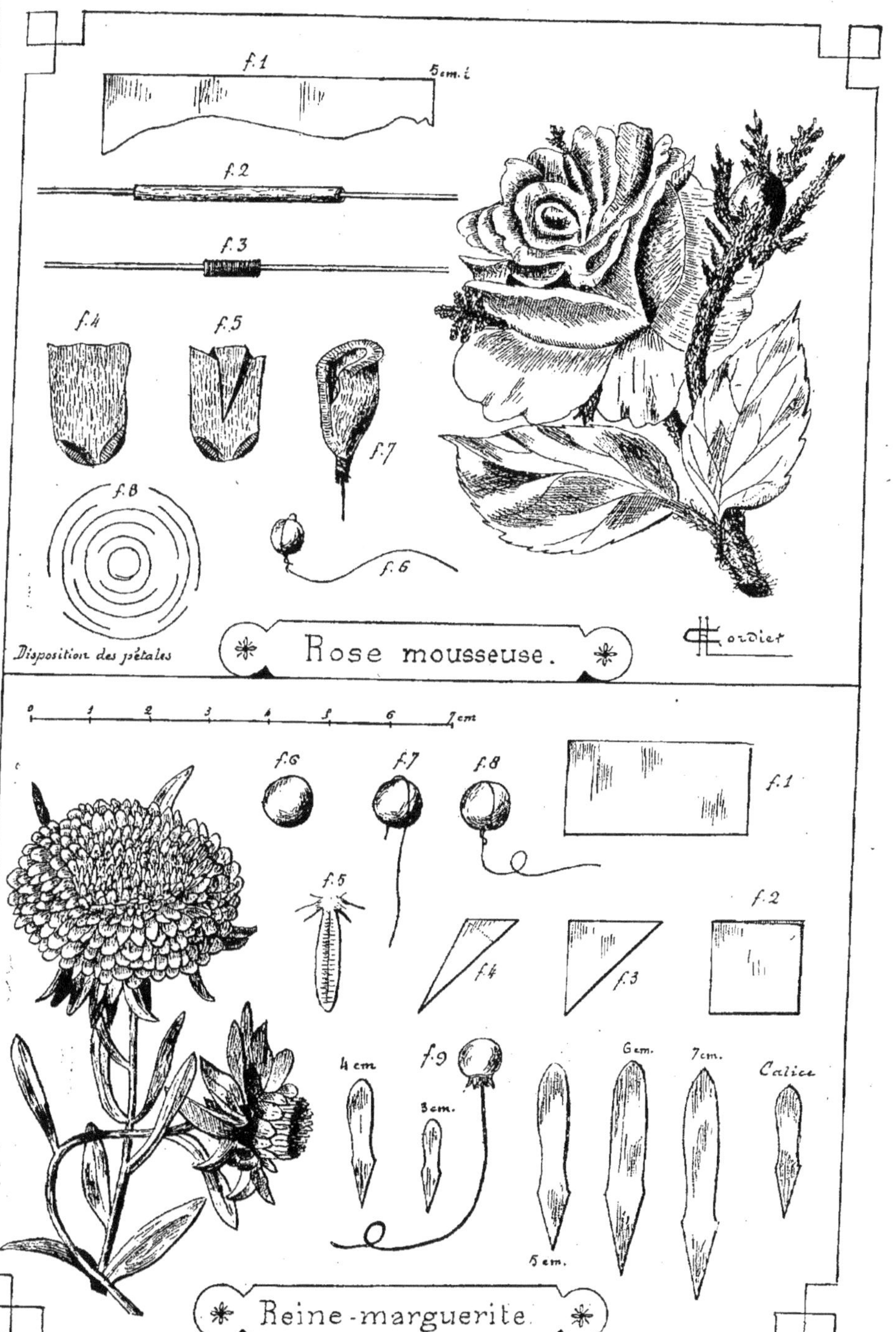

f.1
5 cm.i
f.2
f.3
f.4
f.5
f.7
f.8
f.6
Disposition des pétales
Rose mousseuse.
Cordier
0 1 2 3 4 5 6 7 cm
f.6
f.7
f.8
f.1
f.5
f.2
f.4
f.3
f.9
4 cm
3 cm
6 cm.
7 cm.
Calice
5 cm.
Reine-marguerite.

LA FAMILLE FENOUILLARD

Alors comme cela, Follichon tu dis que nous autres Français nous ne voyageons jamais ! Eh bien et mon voyage à l'Exposition ? — Peuh ! il y a bien de quoi. — Ah ! c'est comme ça ! Eh bien dès demain je pars avec ma famille et tu entendras parler de moi.
— Bonne chance !
— Merci.

Les Fenouillard n'ont qu'une parole. Dès le lendemain, toute la famille est dans le train pour Paris et se livre déjà à une douce somnolence, lorsque le train s'arrête brusquement. En vertu de la vitesse acquise, les Fenouillard sont projetés violemment sur leurs voisins d'en face. On ne voit plus dans le compartiment qu'une salade de têtes, de mains, de pieds et de jambes.

L'ordre se rétablit ; tout le monde descend ; un accident est arrivé à la machine. Nos voyageurs profitent de cet arrêt forcé pour faire un déjeuner champêtre. Ces demoiselles ensemblent : « Vite papa, j'ai l'estomac dans les bottes ! » Madame Fenouillard indignée : « Quelle expression, mesdemoiselles ! » M. Fenouillard avec indulgence : « Laisse donc, bobonne, à la campagne !... »

Les émotions et la digestion invitent la famille à faire la sieste. Un strident coup de sifflet réveille les dormeurs. O sort cruel ! C'est le train qui file ! Si le lecteur était de l'autre côté, il verrait que monsieur roule des yeux féroces : madame ouvre des mains larges comme des battoirs en signe d'exaspération, et ces demoiselles poussent des cris de paon.

Le train file, mais la pluie arrive. Les grands voyageurs sont tous des gens résolus. M. Fenouillard ouvre un vaste parapluie rouge, il offre galamment le bras à son épouse ; ces demoiselles relèvent leur robe sur leur tête pour se garantir des gouttières, et ... en avant !

Eh camarade ! un disque rouge ! — Où ça ? — Là-bas sur la voie ! — Diable, aux freins et vivement ! Qu'est-ce que ça peut bien être ? » Et mécanicien et chauffeur se noient dans les hypothèses et s'abîment dans les conjectures.
(A suivre.)

PAGE EXTRAITE DE **La Famille Fenouillard,** par Christophe.

Pensant être agréables à nos lecteurs, nous consacrerons de temps à autre la 4e page de ce supplément à la reproduction d'une page prise au hasard dans ces Albums humoristiques qui ont conquis une véritable célébrité, et qui s'appellent : *La Famille Fenouillard, Le Savant Cosinus, Le Sapeur Camembert.*

Cette page peut être aquarellée d'après l'édition in-4° cavalier entièrement coloriée.

NOTRE PROCHAIN ROMAN

On trouve dans ce numéro la fin des *Aventures de Rémy*. Nous commencerons la semaine prochaine une nouvelle histoire, dont le titre à lui seul est toute une promesse, par le contraste amusant qu'il fait prévoir entre les deux principaux personnages :

Le petit GRAND
et le grand PETIT

a été spécialement écrit pour "*Le Petit Français Illustré*" par un des écrivains qui ont le plus d'expérience et de savoir-faire dans l'art d'intéresser, d'émouvoir les jeunes intelligences, et d'enfermer une leçon morale dans un récit plein de péripéties amusantes.

Le petit GRAND et le grand PETIT sera bien accueilli de tout notre jeune public.

NOS PROCHAINS CONCOURS

Nos lecteurs ont pu remarquer que nous ne leur ménageons pas les concours depuis quelque temps. Notre intention est de persévérer dans cette voie, où ils trouvent tout à la fois un enseignement, une distraction et un petit profit. Outre les grands concours qui reviennent périodiquement et auxquels sont attachés de nombreux prix, accessits et mentions, nous en préparons toute une série de moindre importance, qui comporteront aussi des récompenses, mais où les noms des vainqueurs seuls seront publiés.

Sans en dire davantage pour aujourd'hui, annonçons seulement que, dans cet ordre d'idées, notre collaborateur **TOM TIT**, si aimé de nos jeunes lecteurs, leur prépare des surprises, dont la première fera l'objet d'un prochain supplément.

LIBRAIRIE ARMAND COLIN, Rue de Mézières, 5, PARIS.

Le Capitaine Bellormeau, texte et dessins de

A. ROBIDA. Un volume in-4°, 65 gravures en noir, 14 planches hors texte en couleur, avec reliure tranches dorées . . . . **6 fr.**

Instructions pour le montage de ce Supplément.

Coller sur un carton le dessin de droite représentant le palais de la Belle au bois dormant. Coller sur un autre carton le dessin ci-dessous. Quand les cartons seront bien secs, colorier la maison et les petites figures. Celles-ci sont disposées de manière à se trouver derrière les ouvertures. Placez le second carton derrière le premier, de façon que chaque groupe de personnages corresponde bien à chacune des ouvertures, et ouvrez portes et fenêtres en suivant le pointillé avec la lame d'un canif.

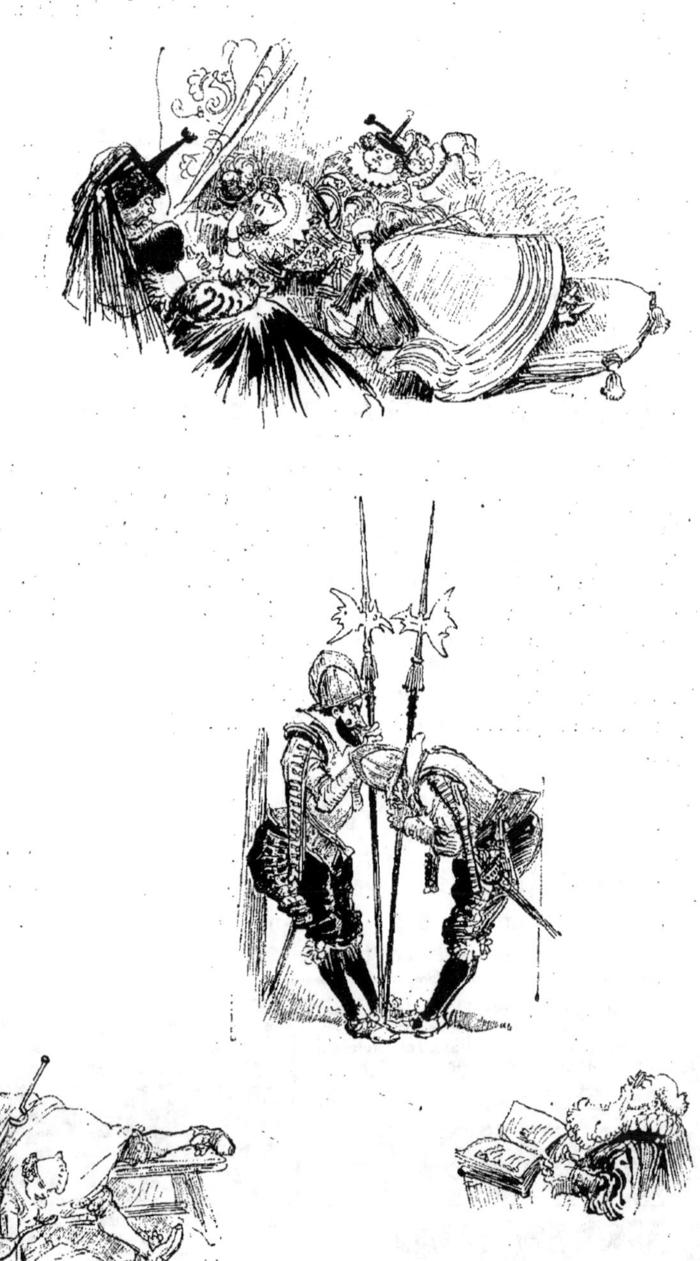

La Belle au bois dormant, par Robida.

NOS CONCOURS

Ainsi que nous l'avons annoncé dans notre dernier numéro, notre excellent collaborateur Tom Tit organise, à l'intention de nos jeunes lecteurs, garçons et fillettes, un concours dont l'objet sera la fabrication d'un ouvrage manuel, où l'adresse et l'ingéniosité des amateurs pourra se donner libre carrière.

Nous espérons pouvoir donner, dans le numéro du 3 mai, tous les détails de ce concours, dont le premier prix sera offert par Tom Tit.

Nous rappelons à nos lecteurs que le « Concours de coloriage » ouvert dans le numéro du 15 mars sera clos le 15 mai prochain.

On se rappelle le Concours entre dessinateurs, que nous avons ouvert en décembre dernier pour l'exécution d'une *Image genre Épinal*. Les résultats obtenus nous ont móntré combien avait été heureuse l'idée de ce concours, auquel nous devons des dessins pleins de fantaisie et d'humour. Des trois envois qui ont obtenu chacun le prix de 100 francs, le premier paraîtra dans notre prochain numéro. Les deux autres viendront à leur tour. Et il y aura une suite : une de ces trois pages, en effet, ne sera que le commencement d'une série d'images du même genre, appliquées à un sujet aussi amusant qu'instructif.

Un fameux Lancier

(CONSTRUCTION AMUSANTE)

Coller toute la planche sur un carton fort, laisser sécher.

Découper les deux dessins représentant le cheval vu de profil, coller ces deux silhouettes l'une contre l'autre.

Découper également les deux dessins représentant le petit cavalier, coller de même, mais seulement le haut du corps jusqu'à la ceinture.

Découper les deux dessins représentant une casserole ; les coller également, mais seulement au pourtour extrême.

La casserole sera placée sur la tête du cavalier ; le cavalier sera placé à cheval.

Maintenant, amis lecteurs, voyez ce morceau de bois dessiné entre les deux profils du cavalier : procurez-vous un morceau de bois semblable, faites-le faire ou faites-le vous-même, avec une règle hors de service, par exemple. Vous voyez qu'il y a une entaille dans toute la longueur ; dans cette entaille vous placerez les sabots du cheval, quatre sabots ou deux seulement : le cheval sera bien d'aplomb, ou cabré, ou en train de ruer. Le cavalier peut être également placé dans différentes positions. A l'aide d'un fil, confectionnez une bride.

Coloriez le tout et montrez votre chef-d'œuvre à vos amis.

Et amusez-vous bien.

Je vous préparerai encore d'autres jolies choses.   M.

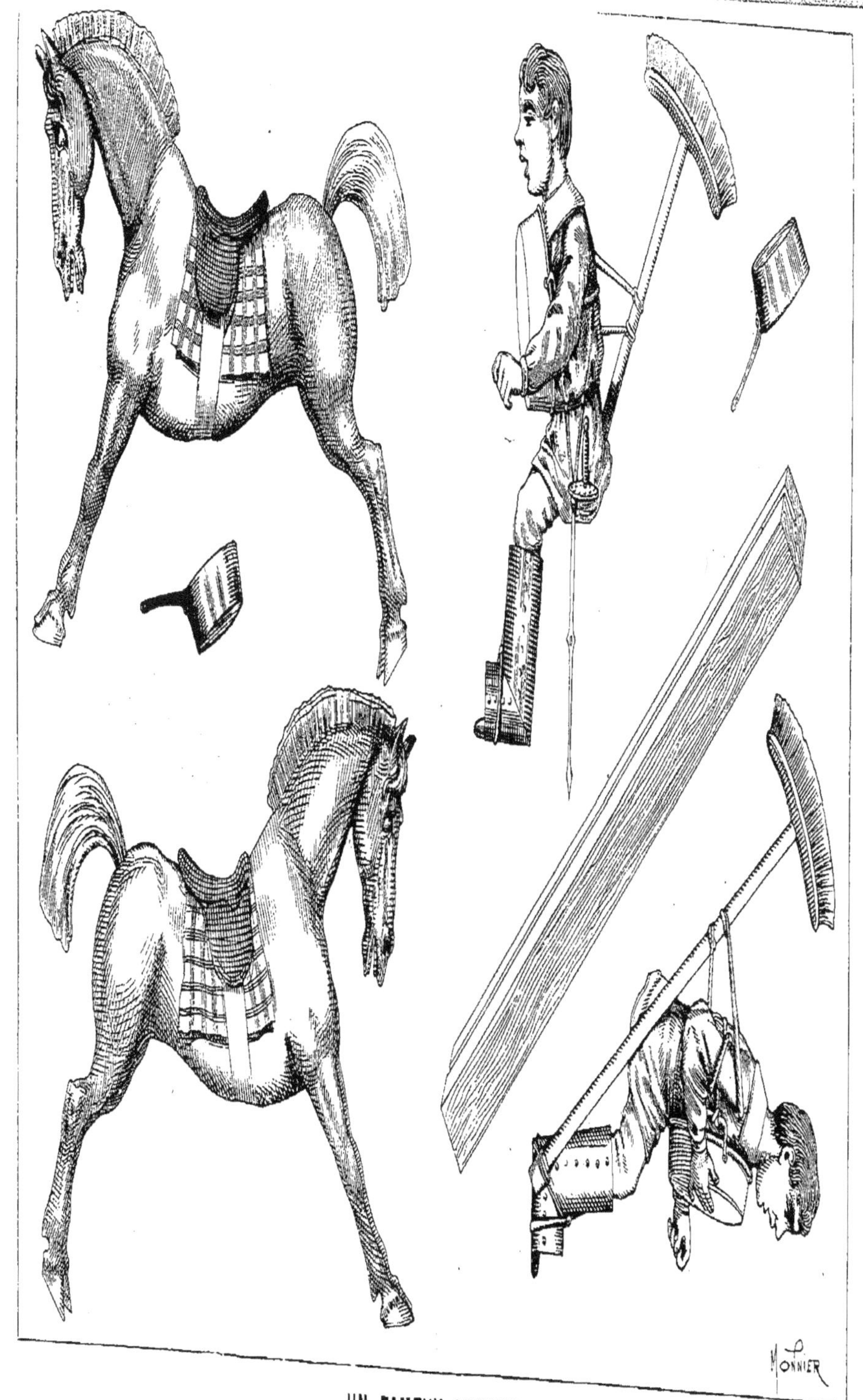

UN FAMEUX LANCIER

Concours Tom Tit

FABRICATION D'UN PORTEFEUILLE EN PAPIER

Désireux d'exciter l'émulation des jeunes amateurs, garçons et filles, *Le Petit Français illustré*, aidé de son excellent collaborateur Tom Tit, ouvre un concours public entre tous ses lecteurs pour la fabrication du portefeuille en papier décrit ci-après. Pour les conditions du concours et les récompenses, voir à la 4° page de ce supplément.

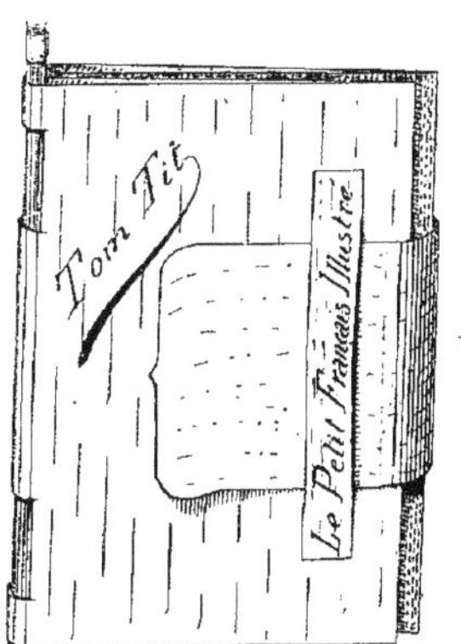

Cette fois, vous ne trouverez pas ici le tracé tout fait d'avance ; d'abord parce que le format du *Petit Français* ne s'y prête pas, ensuite et surtout parce qu'il faut que nous apprenions à exécuter nous-mêmes un tracé d'après des dimensions données.

Notre tracé du portefeuille est du reste très simple, et pourra être fait même par ceux d'entre vous qui ne savent pas encore dessiner.

De tous les travaux manuels amusants que je fais exécuter par des enfants de 8 à 13 ans, à l'Œuvre des «Bons Jeudis », c'est le portefeuille en papier de couleur qui a le plus de succès. J'espère donc que vous lui ferez aussi bon accueil.

1° **Tracé.** — Pour notre tracé, nous n'allons avoir soin ni de compas ni d'équerre ; pas même de mètre, bien que les dimensions soient indiquées en centimètres sur le dessin ci-joint ; voici comment nous allons nous en passer si nous n'en avons pas : au lieu de faire notre tracé sur du papier blanc, nous prendrons une feuille de papier écolier quadrillé au demi-centimètre, ce qui veut dire garni de petits carrés de un demi-centimètre de côté. Rien de plus facile, maintenant, que de tracer sur ce papier quadrillé un rectangle de 30 centimètres de largeur sur 23 centimètres et 1/2 de hauteur ; nous n'aurons qu'à compter pour la largeur 60 carrés, 47 carrés pour la hauteur. Nous avons ainsi le rectangle 1-2-3-4, que nous traçons avec une règle et un crayon. Traçons maintenant les deux lignes verticales 5-6 et 7-8, chacune à 7 centimètres (14 carrés) des bords 1-3 et 2-4. Nous n'avons plus qu'à tracer les deux lignes horizontales 9-10 et 11-12, à 6 centimètres (12 carrés) des bords 1-2 et 3-4, et voilà notre tracé terminé. Vous voyez qu'il est bien facile. Nous allons maintenant le reporter sur la feuille de papier de couleur. Pour cela, posons notre papier quadrillé sur cette feuille, et fixons les deux feuilles sur une planchette ou du carton, avec des épingles ou des punaises d'acier, pour éviter tout glissement ; cela fait, piquons le papier avec une épingle aux points indiqués par un chiffre sur le dessin, et numérotés de 1 à 12. Les 12 points étant piqués, enlevons le papier quadrillé, et, avec une règle et un crayon, traçons les lignes passant par les trous d'épingle, d'abord le contour 1-2-3-4 du rectangle, puis les lignes verticales 5-6 et 7-8, et enfin les lignes horizontales 9-10 et 11-12. Voilà notre tracé reporté sur le papier de couleur. Si vous désirez tracer plusieurs portefeuilles d'un seul coup, vous pouvez mettre 3 ou 4 feuilles de papier de couleur sous le papier quadrillé, et les piquer toutes en même temps, en frappant sur la tête de l'épingle avec un petit marteau.

2° **Découpage.** — Découpez avec des ciseaux le contour du rectangle 1-2-3-4, et enlevez ensuite les deux morceaux 5-7-13-14 et 15-16-6-8 ; conservez ces deux morceaux, qui sont teintés en gris sur notre dessin, ils vont nous servir dans un instant.

3° **Pliage.** — Comme nous opérons avec du papier épais, il est bon d'entailler très légèrement au canif les lignes qui doivent être pliées ; les plis sont ainsi beaucoup plus nets. Commençons par plier notre papier de couleur suivant les deux lignes verticales 13-15 et 14-16 puis suivant les quatre petites lignes horizontales, 9-13, 11-15, 14-10 et 16-12. Remettons le papier à plat, comme dans la fig. 1, et nous allons maintenant faire les *plis en éventail* qui serviront à faire les *poches à soufflets* de notre portefeuille. Je pense que pas un de vous n'ignore comment on fait les plis en éventail ? Je vais cependant l'expliquer pour ceux d'entre vous qui ne sauraient pas.

Commençons par le petit rectangle 1-5-9-13, nous le plions en deux suivant *mn*, d'avant en arrière ; le dos de ce pli étant de notre côté, on dit que ce pli est *en relief*. Mettons ce pli *mn* sur la ligne 9-13, et nous obtenons le *pli en creux qr* ; plaçons de même le bord 1-5 sur *mn*, et nous obtenons le second pli creux *op*. Notre rectangle est ainsi plié en accordéon, et, en regardant de côté notre papier, nous voyons que les quatre plis en éventail lui donnent la forme de la lettre W. Faisons exactement de même pour les autres rectangles, en ayant bien soin de faire en creux les plis indiqués par les signes ×, et notre papier aura alors la forme indiquée à la fig. 2 du dessin.

Cette figure nous montre les quatre soufflets prêts à être enduits de colle.

4° Collage. — On fait le collage avec de la gomme arabique liquide ou de la colle de pâte pas trop épaisse et exempte de grumeaux. Les parties du papier qui doivent être enduites d'une couche de colle très légère sont indiquées par des hachures sur le dessin. Une fois la colle mise, plions notre papier suivant la ligne 13-15 ; le bord 9-11 viendra alors se placer sur la ligne pointillée 17-18. Une fois les deux soufflets bien collés, ce qui nous donne une des poches de notre portefeuille, nous faisons de même pour la seconde poche, en amenant le bord 10-12 du papier sur la ligne 19-20. Mais, avant de coller les poches, il faut faire une remarque importante ; dans le cas où le papier est épais, le bout de chaque soufflet, qui se compose de quatre épaisseurs de papier superposées, fait gonfler le fond de la poche et l'on a beaucoup de peine à le coller. Pour éviter cet inconvénient, je vous conseille donc, lorsque vous enlèverez les deux morceaux 5-7-13-14 et 15-16-6-8, d'enlever encore une petite bande de papier à l'intérieur des lignes 5-13, 7-14, 15-6 et 16-8 ; ces petites bandes sont indiquées en gris sur notre dessin ; elles ont 2 ou 3 $^{m/m}$ de largeur. Vos soufflets n'auront donc pas exactement comme longueur la largeur de la poche, mais le collage se fera beaucoup mieux.

Et maintenant que nous venons de coller les deux poches, nous nous apercevons que nous avons entre les mains un élégant porte-cartes que nous obtenons en rabattant les deux poches l'une sur l'autre, et tout pareil à celui dans lequel maman met ses cartes de visite. Les dimensions de notre porte-cartes nous permettront d'y loger les petites images que nous récoltons un peu partout. Si nous sommes collectionneurs de cartes postales illustrées, il nous sera maintenant facile de fabriquer un porte-cartes spécial pour les conserver ; il nous suffira de faire un tracé d'après les dimensions indiquées sur la fig. 9 ci-dessous.

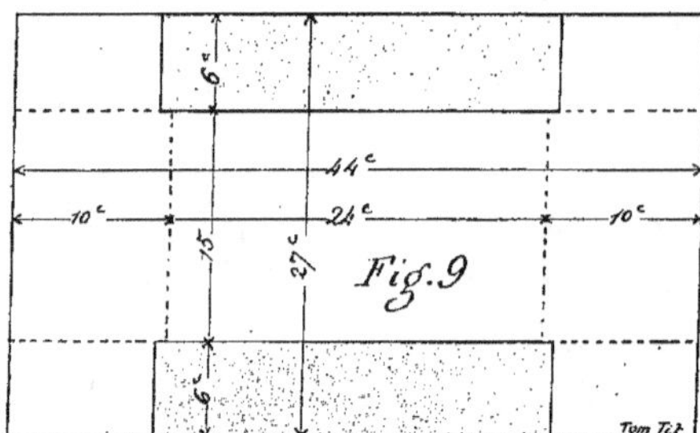

Transformation du porte-cartes en portefeuille. — Voici le moment d'utiliser les deux morceaux que nous avons enlevés tout à l'heure du grand rectangle et que nous avons précieusement conservés. Prenons l'un de ces morceaux (fig. 5) et, sur l'un des longs côtés, enlevons une bande de 1 c. de largeur. La moitié de cette bande nous donne un morceau C qui sera la *barrette de fermeture* sous laquelle passera la *patte* du portefeuille. Le reste du morceau, coupé à 10 c. de longueur, nous fournira une bande qui sera la *patte* B. Nous pouvons arrondir le bout de cette patte B ou le découper comme le montre notre dessin. La fig. 7 montre à part la barrette C et la patte B prêtes à être collées au dos du portefeuille. La fig. 8 indique par des hachures les endroits où doit se mettre la colle. On en met sur 1 c. à chaque bout de la barrette C et sur 2 c. environ sur le bout non découpé de la patte B.

La fig. 4 représente le dos du portefeuille ouvert ; cette figure montre que la barrette doit être collée à 1 c.

du bord, et que le bout non découpé de la patte [doit] être collé à 4 c. du bord du côté opposé, et toutes de[ux] bien au milieu de la hauteur du portefeuille. Raba[ts] maintenant les deux poches l'une sur l'autre et pas[sons] le bout de la patte sous la barrette pour fermer le po[r]tefeuille ; je vous conseille de ne pas marquer le pli [du] dos ; il vaut mieux que ce dos soit arrondi, pour imi[ter] les portefeuilles en peau.

Perfectionnements. — Après avoir fabriqué [le] modèle tout simple que je viens de décrire ci-dess[us,] vous pouvez désirer un portefeuille plus perfectionné[;] voici maintenant les diverses améliorations que vo[us] pourrez imaginer.

D'abord, vous pouvez faire un portefeuille de coule[urs] panachées, de la manière suivante, et sans perdre [de] papier. Je suppose que vous ayez tracé deux portefeuill[es,] un bleu de ciel, et l'autre rouge turc. Au moment [de] coller les pièces, vous les changerez entre elles ; vo[us] aurez donc un portefeuille bleu avec patte et barrett[e] rouge foncé, et un autre rouge foncé avec barette [et] patte bleu clair ; c'est très original.

Second perfectionnement : nous pouvons avoir [des] papiers précieux à mettre dans une des poches ; no[us] devrons alors munir cette poche d'une *garde* ; on appel[le] ainsi le morceau qui se rabat sur le bord de cette poc[he] et empêche les papiers d'en tomber. Cette garde [A,] nous la trouverons dans le second morceau que nou[s] avions tenu en réserve ; sa longueur est égale à la hau[teur] du portefeuille, ou légèrement plus petite ; sa lar[geur est de 6 c., celle du morceau lui-même. Plions-la [en] deux suivant le pli *st* (fig. 6). coupons les deux [coins] de coin, comme le montre cette figure, les parti[es à] enlever étant teintées en gris, et enduisons de coll[e la] moitié indiquée par des hachures. Collons maintena[nt] cette garde A de façon que le pli *st* (fig. 6) vienne su[r] la ligne 17-18 de la fig. 2, ou plutôt à 1 $^{m/m}$ à droi[te] de cette ligne. Il est bien évident que la garde doit s[e] coller avant les soufflets de la poche. On rabat la parti[e] non collée de la garde A par dessus le bord de l[a] poche, comme le montre la fig. 3, qui représente l'inté[ri]eur du portefeuille ouvert.

Troisième perfectionnement : l'une de nos poches peu[t] servir de cadre pour contenir la photographie que nou[s] y voulons placer ; il suffit pour cela, lors du découpage[,] de découper un rectangle X à l'intérieur du rectangle 14-10-16-12 ; ce rectangle X est teinté en gris dans l[a] fig. 1. Les dimensions du rectangle X varient avec celle[s] de la photographie à encadrer ; dans notre exemple, le rectangle a 5 c. de largeur sur 9 c. 5 de hauteur. O[n] le trace sur le papier quadrillé (10 carrés sur 19). O[n] peut découper un ovale à la place du rectangle X. Nou[s] verrons un de ces jours comment on trace cette figure.

Il nous reste à fabriquer un petit cahier de papie[r] blanc de 11 c. de hauteur sur 7 c. de largeur ; nou[s] pouvons lui donner une couverture de couleur assorti[e] à celle du portefeuille. Ce petit cahier, qui peut être cousu avec du fil ou attaché par deux rubans de faveur[,] se place dans l'intérieur du portefeuille une fois terminé.

Enfin, pour exciter le zèle des enfants des " Bons Jeudis ", je donne à ceux qui ont bien réussi leur mo[dè]le un petit crayon de portefeuille. et voici commen[t] ils le placent : ils font, dans le dos, les quatre entailles indiquées en *xy* aux fig. 2, 3 et 4 du dessin, ce qui leur fournit les deux traverses E et F (fig. 3), de 2 c. d[e] hauteur, sous lesquelles ils glissent leur petit crayon[.] Les entailles doivent avoir juste la grandeur voulue[;] on commence par leur donner 8 $^{m/m}$ de longueur, quitte à les agrandir légèrement ensuite si le crayon ne passe pas. Les fig. 3 et 4 de notre dessin vous montrent cett[e] manière bien simple de faire tenir le crayon dans le portefeuille. Vous serez peut-être désireux de savoir combien de temps il faut pour tracer, découper et coller le portefeuille en papier ? Aux " Bons Jeudis ", nous mettons une heure. Et maintenant, chers amis, au travail, et bon succès !   Tom Tit.

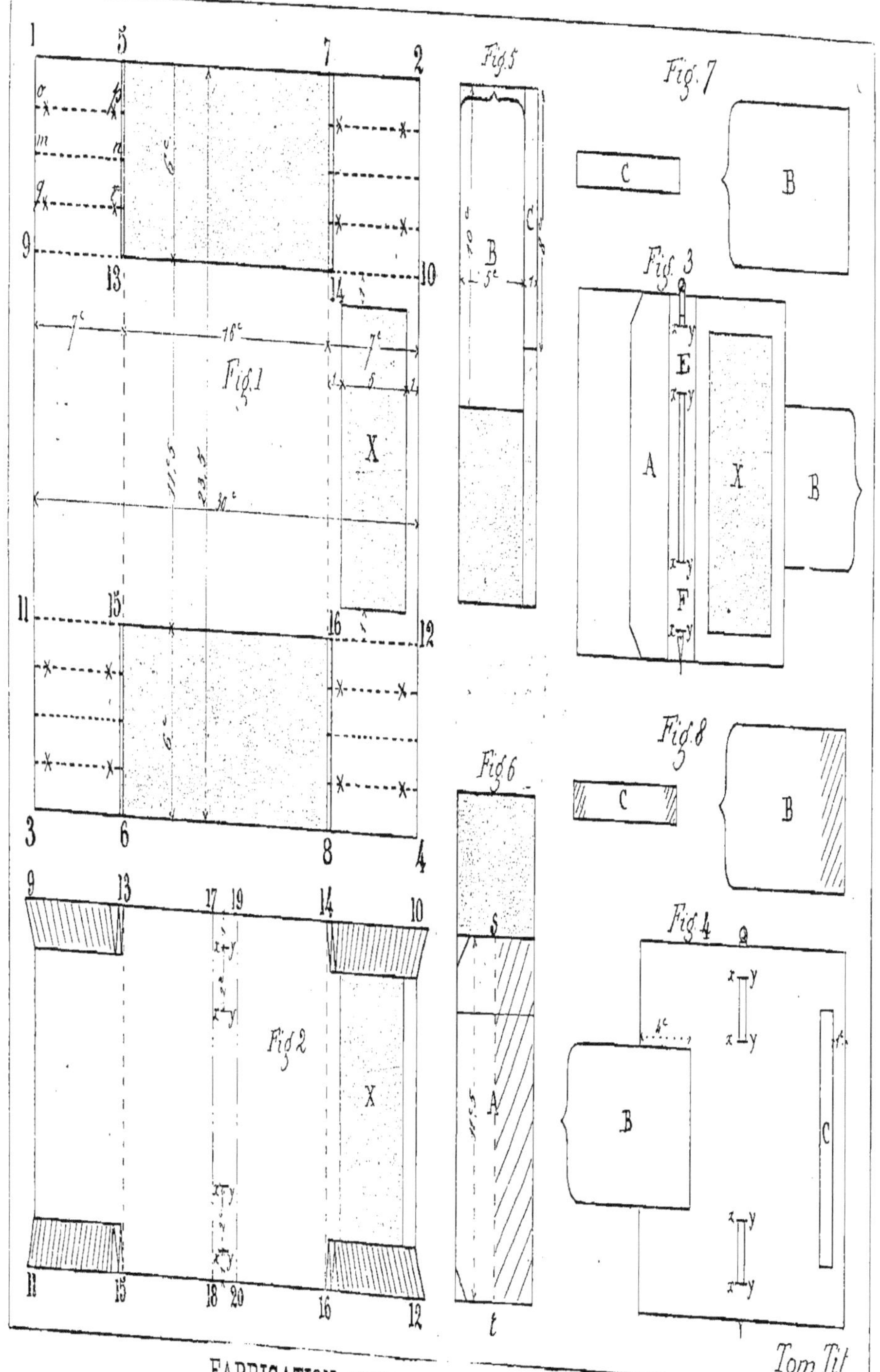

FABRICATION D'UN PORTEFEUILLE EN PAPIER

Concours TOM TIT

LA FABRICATION D'UN PORTEFEUILLE

Le Concours que " *Le Petit Français illustré* " ouvre aujourd'hui entre tous ses lecteurs, garçons et filles, a pour objet la fabrication du joli portefeuille en papier dont on trouvera tous les détails dans les trois premières pages de ce supplément.

Les envois devront être adressés à M. le Directeur du " *Petit Français illustré* " 5, rue de Mézières, et nous engageons vivement les concurrents à faire *recommander* ces envois. Nous les prions aussi d'écrire aussi lisiblement et complètement que possible leurs nom et adresse, soit sur l'enveloppe même du portefeuille, soit sur une simple carte insérée dans le portefeuille.

Pour le choix du papier, notre collaborateur conseille le *papier parcheminé glacé assez épais.*

RÉCOMPENSES

1er PRIX, offert par TOM TIT

La Science amusante, 3 volumes reliés toile et dorés sur tranches, avec une dédicace de l'auteur.

2es PRIX

Un volume de la **Bibliothèque du Petit Français illustré** sera attribué aux dix envois suivants jugés les meilleurs.

MENTIONS

Enfin nous réservons aux mentions un petit souvenir de ce concours.

Le concours sera clos le 15 juin 1902.

Concours Tom Tit

FABRICATION D'UN PORTEFEUILLE EN PAPIER

Ainsi que nous l'avons annoncé dans notre dernier numéro, le *Petit Français illustré* a ouvert entre tous ses lecteurs, garçons et filles, un concours qui a pour objet la fabrication d'un portefeuille en papier.

Tous les détails de ce concours, concernant la fabrication de ce portefeuille, ont été donnés dans le dernier supplément. Nous rappelons que les envois doivent être adressés à M. le Directeur du « *Petit Français illustré* », 5, rue de Mézières, et nous engageons les concurrents à faire *recommander* ces envois. Nous les prions également d'écrire aussi lisiblement que possible leur nom et adresse, soit sur l'enveloppe même du portefeuille, soit sur une simple carte insérée dans l'envoi.

Le concours, dont le premier prix est offert par Tom Tit, sera clos le 30 juin seulement, au lieu du 15, date primitivement indiquée.

LIBRAIRIE ARMAND COLIN, rue de Mézières, 5, PARIS.

La Famille Fenouillard, par Christophe. Un album

in-4° cavalier, oblong, 80 planches *en couleur*, relié toile, fers spéciaux, tranches jaspées . . . . **10 fr.**

(Voir à la page 4 du présent supplément la gravure extraite de *La Famille Fenouillard*.)

CONSEILS
Pour le coloriage et le découpage de la FERME
1ʳᵉ FEUILLE
(Il y en aura trois)

La construction comprendra **trois feuilles** dont voici la première.

Nos jeunes lecteurs feront donc bien de ne pas découper encore cette feuille. Ils se borneront *à la mettre en couleur*.

Coloriage. — Sur les murs une teinte grisâtre réchauffée par de la terre de Sienne brûlée : le tout très clair. De place en place on imaginera que le crépi est parti et on y mettra une teinte de rouge brique (vermillon et terre de Sienne brûlée) simulant la brique mise à découvert.

Les volets seront d'un vert cru comme on en voit souvent à la campagne.

Les bois de charpentes recevront une couche de sépia.

Les toits et les cheminées rouge brique, sauf aux points où l'on a indiqué de la mousse. Ces endroits seront verts, mais d'un autre vert que celui des volets. Soit d'un vert bleu, soit d'un vert jaune et même l'un et l'autre.

Découpage. — Avec la troisième feuille, nous donnerons des instructions pour le découpage, et le montage de la construction.

Vue de la maison du fermier après montage.

LIBRAIRIE ARMAND COLIN, rue de Mézières, 5, Paris.

PETITE BIBLIOTHÈQUE ATHLÉTIQUE
PUBLIÉE SOUS LA DIRECTION DE G. DE SAINT-CLAIR

Les Sports Athlétiques, par G. DE SAINT-CLAIR. Un volume in-18 jésus, cartonnage souple . . . . **1 fr. 75**

La Natation, par G. DE SAINT-CLAIR. Un volume in-18 jésus, cartonnage souple. **1 fr. 75**

Lawn-Tennis, par LET. Un volume in-18 jésus, cartonnage souple. . . **1 fr. 50**

Football (Rugby), par SAINT-CHAFFRAY et L. DEDET. Un volume in-18 jésus, cartonnage souple. (Nouvelle édition revue et augmentée) . . . . **1 fr. 50**

Football (Association), par TUNMER et FRAYSSE. Un volume in-18 jésus, cartonnage souple. . . . . **1 fr. 75**

ÉCHANGE DE CARTES POSTALES ILLUSTRÉES

Nous rappelons à nos petits amis, que nous avons maintenant une rubrique spéciale, consacrée aux échanges de cartes postales illustrées. Nos abonnés et lecteurs ainsi que nos lectrices sont seuls admis à bénéficier de la faculté de correspondre ici entre eux pour leurs échanges. Nous recevrons le texte de leurs annonces qui devra être accompagné du montant, à raison de 10 centimes par mot, pour les *frais de composition* de l'annonce.

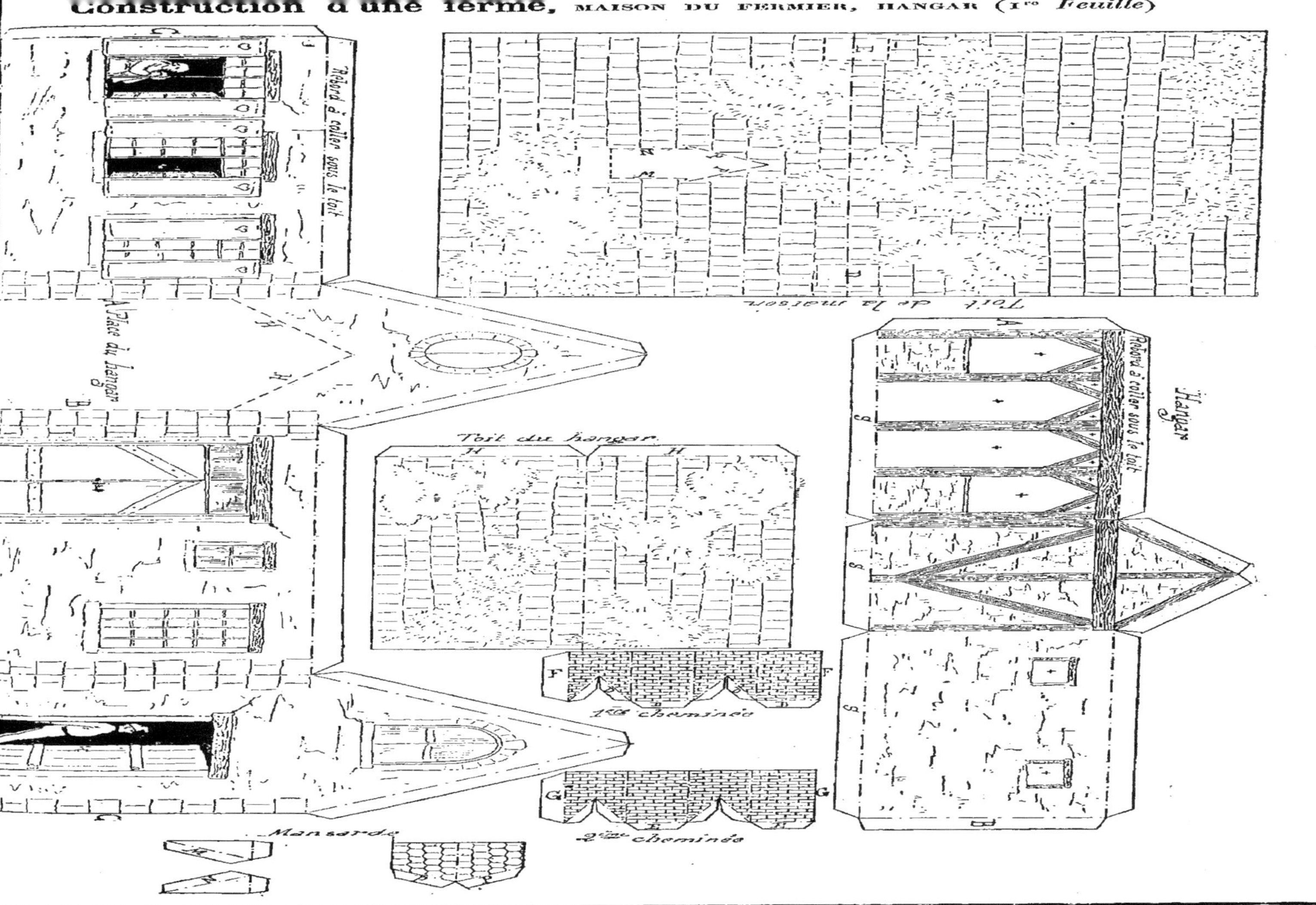

Construction à une ferme, MAISON DU FERMIER, HANGAR (1re Feuille)
Rebord à coller sous le toit
A Place du hangar
Toit de la maison
Hangar
Rebord à coller sous le toit
Toit du hangar
1re Cheminée
2me Cheminée
F
G
Mansarde

LA FAMILLE FENOUILLARD

Pourquoi ces demoiselles esquissent-elles un pas gracieux ?
C'est que chacune ayant eu un 8ᵉ accessit de récitation,
M. leur père vient de leur promettre de les conduire aux
bains de mer « à Saint-Malo, patrie de Surcouf, de Duguay-
Trouin et... et... et de Duguay-Trouin ».

Dès le jour même, on procède à la confection des malle
avec un louable empressement. On vide les armoires ave
enthousiasme ; on remplit les coffres avec délire. — Arté
mise, n'oublie pas ta ceinture verte. — Non, maman.
Cunégonde, as-tu la lunette d'approche ? — Oui, papa.

A peine débarqué, M. Fenouillard entreprend l'éducation
des siens. « Voyez-vous, à tribord, dit-il, un vaisseau sur
lequel il y a trois grandes perches, c'est un trois-mâts.
Celui-là, à babord, c'est un deux-mâts ; quant à ce petit,
là-bas, c'est un un-mât. »

L'orateur en était là de sa démonstration, lorsqu'une
grue tournante, employée à décharger les trois-mâts de
« tribord » balaie la famille, lance madame et mesdemoiselles à babord et projette monsieur par-dessus bord, dans
l'eau du port.

Du fond de son panier, Mᵐᵉ Fenouillard a la vague intuition
qu'elle n'est pas seule à avoir subi le choc, aussi crie-t-elle
avec la dernière énergie à son noble époux : « Agénor ! Prends
bien garde à ton chapeau neuf ! » — On lui donne un coup
de fer, ma petite dame, répond un marin.

Madame Fenouillard constate qu'il est plus facile d'entrer
dans un panier à charbon que d'en sortir. Aussi est-on obligé
d'employer des moyens très énergiques pour opérer son
extraction. Ces demoiselles suivent avec le plus vif intérêt
les détails de l'opération. *(A suivre.)*

PAGE EXTRAITE DE La Famille Fenouillard, par Christophe.

Pensant être agréables à nos lecteurs, nous consacrerons de temps à autre la 4ᵉ page de ce supplément à la
reproduction d'une page prise au hasard dans ces Albums humoristiques qui ont conquis une véritable célébrité,
et qui s'appellent : *La Famille Fenouillard*, *L'idée fixe du Savant Cosinus*, *Les facéties du Sapeur
Camembert*.

Cette page peut être aquarellée d'après l'édition in-4ᵒ cavalier entièrement coloriée.

CONSEILS

Pour le coloriage et la construction de la FERME

2ᵉ Feuille

(Il y en aura trois)

Mêmes conseils que pour la première feuille. Seulement le toit de l'écurie, étant en chaume, doit être teinté de sépia claire, avec des plaques jaunes, par ci par là. Bien entendu, la mousse indiquée doit être verte.

Nous rappelons ci-après les conseils donnés dans le numéro 128. La construction comprendra trois feuilles. Nos jeunes lecteurs feront bien de ne pas découper encore cette feuille. Ils se borneront à la mettre en couleur.

Sur les murs une teinte grisâtre réchauffée par de la terre de Sienne brûlée : le tout très clair. De place en place on imaginera que le crépi est parti et on y mettra une teinte rouge brique (vermillon et terre de Sienne brûlée simulant la brique mise à découvert).

Les volets seront d'un vert cru comme on en voit souvent à la campagne.

Les bois de charpente recevront une couche de sépia.

Les toits et les cheminées rouge brique, sauf aux points où l'on a indiqué de la mousse. Ces endroits seront verts, mais d'un autre vert que celui des volets. Soit d'un vert bleu, soit d'un vert jaune et même l'un et l'autre.

Découpage et montage. — Avec la troisième feuille nous donnerons des instructions pour le découpage et le montage de la construction.

Vue de l'écurie et du pigeonnier après montage.

LIBRAIRIE ARMAND COLIN, rue de Mézières, 5, PARIS.

Vient de paraître :

L'Éducation des Jeunes Filles, par Henri

MARION, professeur à la Faculté des Lettres de Paris. Un volume in-18 jésus, broché **3 50**

Où doit se faire l'éducation des filles? — Les auxiliaires de la famille. — Maîtresses ou maîtres? — Éducation morale, physique, pratique, esthétique. — L'Instruction des filles : Enseignement primaire, Enseignement secondaire et supérieur.

Du même auteur, précédemment paru :

Psychologie de la Femme. Un vol. in-18 jésus, br. . **3 50**

Conditions de la femme dans le passé. — Les données physiologiques. — La petite fille. — La femme : sensibilité générale; tendances égoïstes; sympathie et sociabilité; sentiments supérieurs. — L'intelligence de la femme. — La volonté féminine. — Destinée de la femme..., etc., etc.

Une maison bien tenue. *Conseils aux jeunes*

maîtresses de maison, par MARIE DELORME. Un volume in-18 jésus br. . **3 50**

Relié toile **4 50**

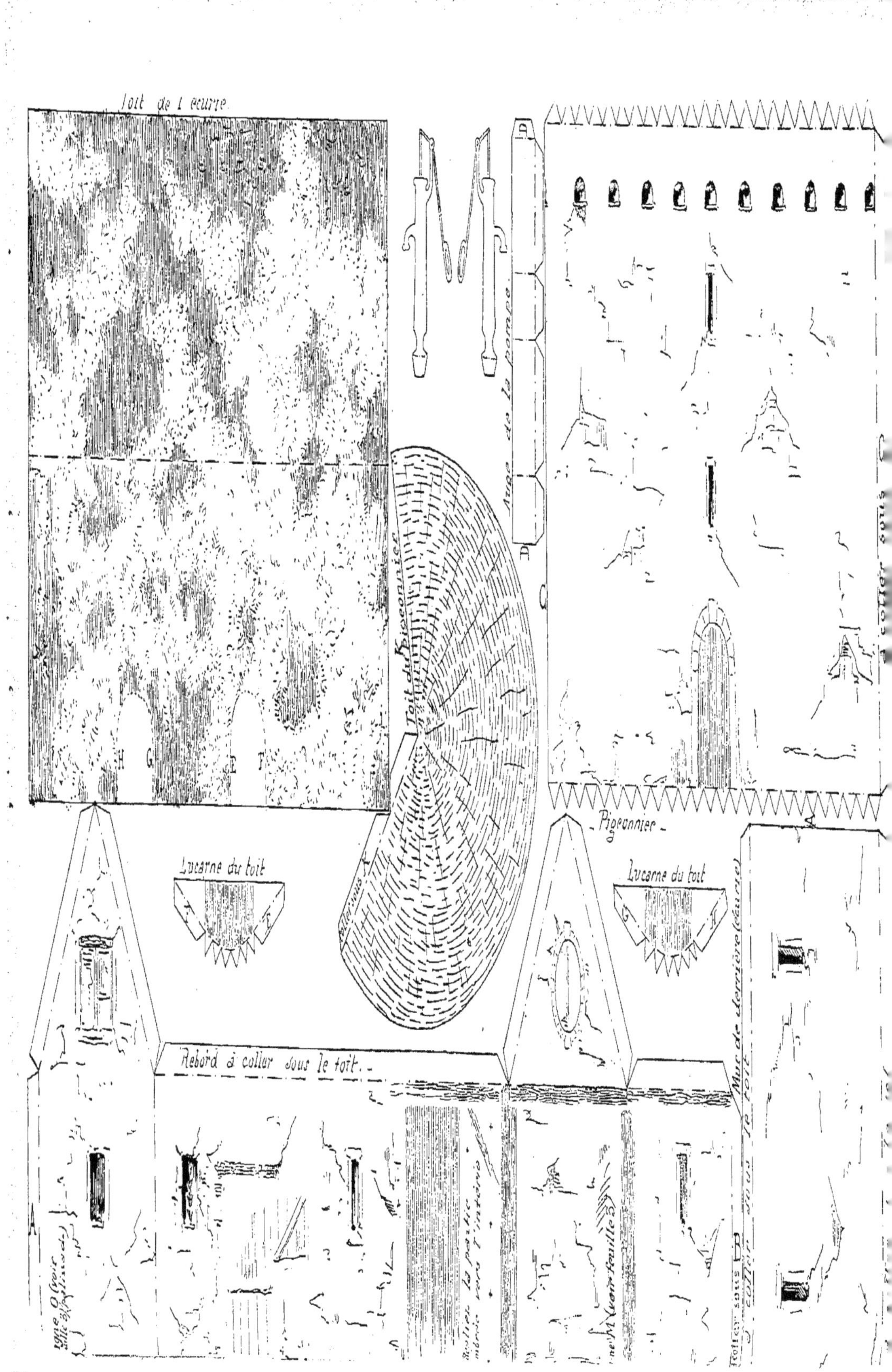

Toit de l'écurie
Auge de la pompe
Toit du Pigeonnier
Lucarne du toit
Lucarne du toit
Pigeonnier
Rebord à coller sous le toit
Mur de derrière (gauche)
Mur de derrière (droite)
Rouler la partie mobile vers l'intérieur
Coller sous

NOS CONCOURS

Notre *Concours de coloriage*, ouvert le 15 Mars, vient d'être clos, et nous nous occupons activement du classement des envois, en vue des récompenses à distribuer. Mais ces envois ont été si nombreux que le travail demandera un certain temps. Nous prions donc les jeunes concurrents de prendre patience.

Nous rappelons que le *Concours Tom Tit* (fabrication d'un portefeuille en papier) prendra fin le 30 juin.

Enfin, nous avons l'intention d'organiser, de temps à autre, des Concours d'un genre spécial, réservés *aux seuls abonnés et abonnées*, et qui alterneront avec les grands concours ouverts entre tous les lecteurs du *Petit Français illustré*.

Mentions. — Afin de reconnaître le zèle de tous ceux qui prennent part à nos concours et dont les envois, pour n'avoir pas obtenu de prix, n'en ont pas moins été fort souvent très remarquables, nous attribuerons une petite récompense (un livre de la Collection du *Petit Français illustré*) à ceux qui, à partir du 1ᵉʳ janvier 1902, auront obtenu cinq mentions, et qui pourront en justifier, par l'indication des numéros où leurs noms sont inscrits. Il ne sera pas nécessaire que ces mentions aient été obtenus dans cinq concours consécutifs.

Construction d'une Ferme

CONSEILS

Pour le coloriage et le découpage de la FERME

3ᵉ ET DERNIÈRE FEUILLE

Coloriage de la feuille 3. — Les murs, teinte neutre, quelques touches de vert pour les végétations qui y poussent.

La palissade et la grille, sépia, ainsi que le tombereau.

Les costumes des personnages, de même que le pelage et le plumage des animaux, à volonté, en évitant les teintes criardes.

Découpage et montage des 3 feuilles de la Ferme. — REMARQUES GÉNÉRALES. Lecteurs, avez-vous de la patience? Si oui, vous réussirez, si non, il faut tâcher d'en avoir; car il en faut beaucoup.

Collez les deux premières feuilles coloriées sur un carton mince et *avant de découper les pièces,* comme le font tous les étourdis, *commencez par vous rendre compte de la destination de chacune d'elles.*

Pour la troisième feuille, tous les personnages et animaux, se trouvent dessinés en double, de même que les murs, portes et barrières, on appliquera ces deux dessins l'un contre l'autre, des deux côtés d'un même carton. On collera une des faces, on la découpera, et au verso de ces figures, on collera la seconde face, de manière à avoir des figures à *double face.*

Ne commencez pas par tous les bouts à la fois. Montez d'abord la première feuille, puis la seconde, et enfin, assemblez le tout comme l'indique le plan.

Il faut de bonne colle assez épaisse. On peut la faire soi-même, en faisant dissoudre de la *gomme arabique* (se trouve chez tous les épiciers) dans de l'eau *froide,* jusqu'à ce que la dissolution ait la consistance d'un sirop.

REMARQUES PARTICULIÈRES. Découper les pièces avec soin.

Les lignes formées alternativement de points et de traits, doivent être simplement *entaillées,* pour permettre de plier facilement et régulièrement le carton. Respectez, en découpant, les onglets qui, pliés à angle droit, recevront la colle et serviront à l'assemblage.

Suivre bien exactement les indications du dessin. S'il n'y a pas d'indications explicites, il y a des lettres explicatives.

EXEMPLE : Sur le rebord du toit du hangar (feuille 1) il y a la lettre H. D'autre part la même lettre H se retrouve sur le pignon de la maison d'habitation, à l'endroit indiqué comme étant la *place du hangar.* Le rebord H, du toit du hangar, doit donc se coller le long des lignes H, tracées sur le pignon.

AUTRE EXEMPLE : Sur le rebord du bout de la palissade (feuille 3) il y a l'indication : *ligne O* (feuille 2); ce rebord doit donc se coller le long de la ligne O, tracée sur le pignon de l'écurie (feuille 2).

Une fois les différentes maisons montées, collez le tout sur un carton ou sur une planchette, comme l'indique le plan.

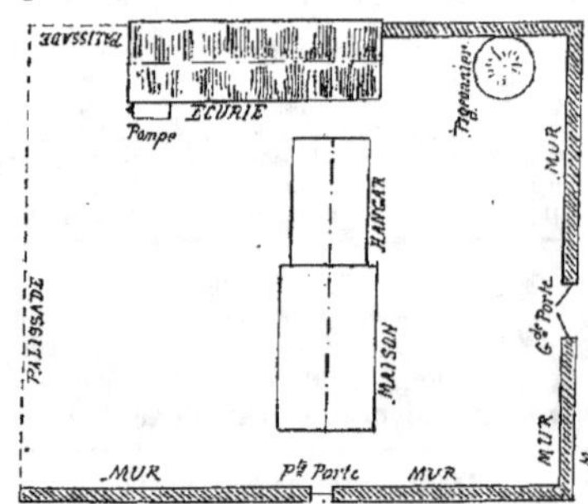

Plan d'ensemble de la ferme.

Recommandation. — Réservez cette occupation pour les jours de pluie; les jours de beau temps, prenez l'air et le soleil!

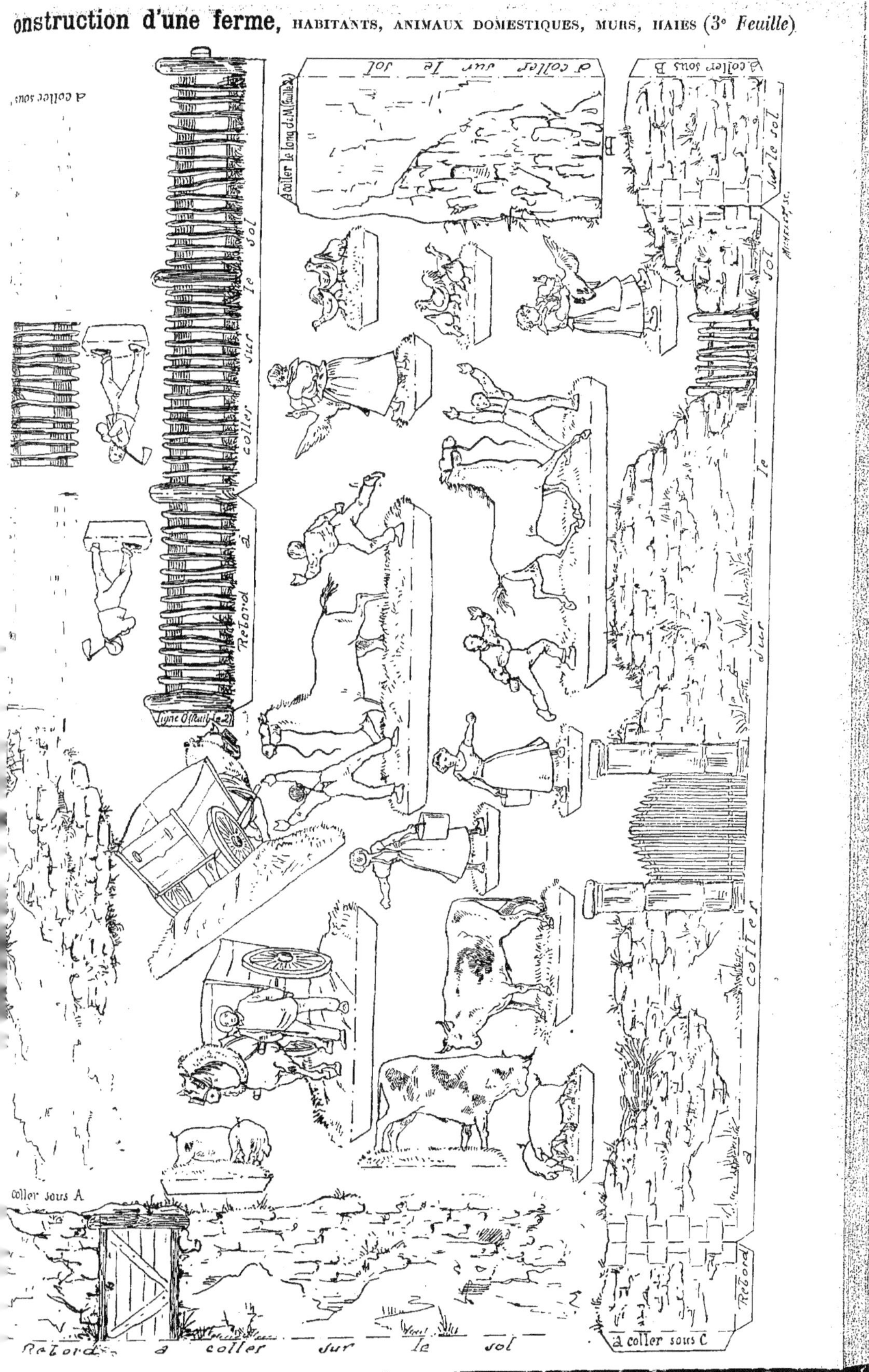
à coller sous
à coller le long de M (feuille 2)
à coller sur le sol
à coller sous B
à coller sur le sol
Retord à coller sur le sol
Ligne O feuille n 2
Coller sous A
Retord à coller sur le sol
à coller sous C
coller
sur le sol
à coller

Bibliothèque du Petit Français

Volumes in-18 jésus, brochés : **2** fr. ; reliés toile, tranches dorées : **3** fr.

55 volumes parus

L'Ami Benoît, par BERNARD DE LAROCHE ; illustrations par Ch. Crespin.

L'Apprentie du Capitaine, par PIERRE PERRAULT ; illustrations par Lecoultre.

Les Colères du Bouillant Achille, par Mme d'AGON DE LA CONTRIE ; illustrations par Fauret.

Le Capitaine Henriot (*Chevaliers errants*), par A. MÉLANDRI ; illustrations par José Roy.

Chez Mademoiselle Hortense, par MARIE DELORME ; illustrations par Moulignié et Ch. Crespin.

Chrysáis au Désert, par GÉRALD-MONTMÉRIL ; illustrations par E. Lœvy.

Au Clair de la Lune, par R. CANDIANI ; belles et nombreuses illustrations.

Corsaires et Flibustiers (*Chevaliers errants*), par A. MÉLANDRI ; illustrations par José Roy.

Le Droit Chemin, par S. BLANDY ; illustrations par Gil-Baer.

L'Émeraude des Incas, par CH. NORMAND ; illustrations par Faria et Martin.

En Haut du Beffroi, texte et dessins par A. ROBIDA.

L'Exil d'Henriette, par ROGER LIQUIER ; illustrations par Paul Steck.

La Famille Fenouillard, texte et dessins par CHRISTOPHE.

Les Filles du Clown (Rita), par MARIE DELORME ; illustrations par Émile Bayard fils et L. Dens.

Les Fredaines de Mitaize, par PIERRE FICY ; illustrations par Bertrand.

Frères de lait, par ACHILLE MÉLANDRI ; illustrations par Henriot et Verney.

Histoire de deux Enfants de Londres, récits adaptés de l'anglais par P. D. ; illustrations par Martin

Histoire d'un Honnête Garçon, par LEROY ; illustrations par Bogaert.

Histoire d'un Vaurien, par MAGBERT ; illustrations par E. Mas.

Historiettes pour Pierre et Paul, par J. JARRY ; illustrations par C. Bourgain.

Le Hochet d'Or, par CH. ZIDLER ; illustrations par Geoffroy.

L'Idée fixe du Savant Cosinus, texte et dessins par CHRISTOPHE.

Jacques la Chance et Jean la Guigne, par MARIE-ROBERT HALT ; illustrations par Faria.

Jamais Contents ! par GÉRALD-MONTMÉRIL ; illustrations par Mucha.

Journées de deux petits Parisiens ; Jacques et Juliette, par J. MALASSEZ ; illustrations par Moulignié.

Jours d'Épreuves, par Mme HAMEAU. Nouvelles suédoises ; illustrations par Robida, Ruty, Martin, Faria, Moulignié et Moreno.

Kerbiniou le Très Madré, texte et dessins par A. ROBIDA.

Les Lunettes bleues, par MAGBERT ; illustrations par Mucha et Martin.

Mémoires d'un Éléphant blanc, par JUDITH GAUTIER ; illustrations par Mucha et Ruty.

Les Mémoires de Primevère, par GABRIEL FRANAY ; illustrations par Amélie Bertrand.

Mon Ami Rive-Gauche, par MAGBERT ; illustrations par Moulignié.

Le Moulin Fliquette, texte et dessins par A. ROBIDA.

Le Mystère de Courvaillan, par A.-J. DALSÈME ; illustrations par Georges Redon.

Le Pari d'un Lycéen, par J. CHANCEL, illustrations par Henriot.

Les Petits Cinq, par CH. NORMAND ; illustrations par Hei thrinck.

Les Petits Patriotes, par EMILE CÈRE.

Pierrot et Cie, par ROGER DOMBRE ; illustrations par Lecoultre.

Le Portefeuille rouge, par GUY TOMEL ; illustrations par Georges Redon.

Princesse Sarah, traduit et adapté de l'anglais par GEORGES LAMY ; illustrations par Martin.

Les Prisonniers de Bou-Amâma, par MARTIAL BLANC ; illustrations par Kauffmann.

La Providence de François, par B. SCHMIDT ; illustrations par Ch. Weisser.

Le Pupille de mon Ami, par PIERRE PERRAULT ; illustrations par Lecoultre.

Robert le Diable et Cie, par EDMOND PASCAL ; illustrations par Moulignié.

Les Robinsons de la Nouvelle-Russie, par R. CANDIANI. Belles et nombreuses illustrations.

Le Roi de l'Ivoire, par MARTIAL BLANC ; illustrations par G. Scott.

Le Sapeur Camember, texte et dessins par CHRISTOPHE.

Six Nouvelles, par CH. NORMAND ; illustrations par Henri Pille et Mucha.

Tante Dorothée, par MARIE DELORME ; illustrations par Weisser.

La Teppe aux Merles, par S. BLANDY ; illustrations par E. Mas.

Le Théâtre chez Grand'Mère, par MARIE DELORME ; illustrations par Slom.

Une Histoire de Sauvage, par EDMOND PASCAL ; illustrations par Kauffmann.

Les Vacances de Prosper, par HENRY MARCHAND ; illustrations par F. Courboin.

Voyage du Matelot Jean-Paul en Australie, par C. DE VARIGNY ; illustrations par Moulignié, E. Mas, etc.

Voyage du Novice Jean-Paul à travers la France d'Amérique, par G. LAMY.

Yves Kerhélo, par MARIE DELORME ; illustrations par G. Scott.

Envoi franco sur demande, du Catalogue BIBLIOTHÈQUE DU PETIT FRANÇAIS.

LA BONNE PRISE

INDICATIONS POUR LE COLORIAGE

Voulez-vous faire un joli petit tableau au pastel du dessin ci-dessus? Voici
elques conseils qui vous en donneront la recette :

Pour la bonne femme de gauche. — La camisole sera jaune ; la jupe rouge
bas, bleus ; les sabots, marron clair, ainsi que le bâton ; et vert, le fichu que la
nne femme porte autour de la tête.

Pour la bonne femme de droite. — Le caraco, vert ; la jupe, bleue ; le tablier,
nc ; le foulard autour du cou, rouge ; la marmotte autour de la tête, jaune ; les
s, rouges ; les sabots, ainsi que la tabatière, marron clair.

Pour le paysage. — Le terrain, vert ; les maisons du fond, roses, avec les toits
ges ; le ciel, bleu.

LIBRAIRIE ARMAND COLIN, rue de Mézières, 5, PARIS.

Album Géographique, par MM. Marcel Dubois,

professeur de Géographie coloniale à la Faculté des Lettres de Paris, et Camille Guy, agrégé d'histoire et de géographie, chef du service géographique au Ministère des colonies.

*** Aspects généraux de la nature. | ** Régions tropicales.**
***** Les Régions tempérées.**

Chaque volume in-4°, 500 gravures environ, broché .... **15** fr.
Relié toile, tranches jaspées, **18** fr.; Relié toile, tranches dorées, **20** fr.
(Les gravures contenues dans le présent Supplément sont extraites de l'Album Géographique.)

QUELQUES VOLCANS EN ACTIVITÉ

Le Vésuve s'élève sur les bords du golfe de Naples, dans le sud de l'Italie. Il ne doit pas sa renommée à sa hauteur, car son sommet n'est guère qu'à 1,200 mètres. Mais ses éruptions ont été fameuses par leurs effets désastreux; Herculanum, Pompéï et Stabies ont compté des milliers de victimes (en l'an 79 après J.-C.). Ses éruptions sont très fréquentes et son dôme est toujours couronné d'un panache de fumée.

QUELQUES VOLCANS EN ACTIVITÉ

CRATÈRE DU KILAUÉA, DANS L'ILE HAWAI (Sandwich).
Le Kilauéa a 1,235 mètres de hauteur, et son cratère est un immense abîme, profond de 300 mètres, large de 4 kilomètres, et qui renferme un lac de lave en fusion; tout près du bord, des Américains ont édifié un hôtel.

LE PIC D'ORIZABA, AU MEXIQUE
Le pic d'Orizaba s'élève à 5,400 mètres; les neiges le couronnent et se transforment, dans les creux, en petits glaciers; le cratère lui-même, que l'on croit à peu près éteint, est rempli de neige. Sur les pentes s'ouvrent de petits volcans d'où découlent des laves aujourd'hui immobilisées.

QUELQUES VOLCANS EN ACTIVITÉ

VOLCANS DE BOUES DANS L'AMÉRIQUE AUSTRALE

Parmi les nombreux volcans qui hérissent l'Amérique australe, un des plus curieux est celui d'Ahnachapam. Il lance par ses fissures une boue épaisse et nauséabonde, qui a formé un véritable lac d'une grande étendue.

VOLCAN DE L'ILOPANGO, DANS LE SALVADOR

Le volcan de l'Ilopango, dans le Salvador, a surgi br[usque]ment en 1879 au milieu du lac du même nom. Le mo[nt] formé par la lave accumulée atteint aujourd'hui une haut[eur] 50 mètres.

LES MONTAGNES FUMEUSES, AU JAPON

Voici, à côté des volcans, des montagnes fumeuses, qui dressent leurs crêtes à une médiocre altitude au-dessus d'une véritable mer intérieure et doivent leur nom aux vapeurs sulfureuses qui s'échappent en abondance des fissures du sol. C'est une des régions les plus bouleversées par les tremblements de terre dans cette île de Nippon que le feu intérieur agite si fréquemment. Ces émanations putrides ont depuis longtemps stérilisé et dépeuplé toute cette partie de l'île.

NOS CONCOURS

Nous travaillons au classement des envois du *Concours de coloriage*, dont nous espérons pouvoir donner prochainement les résultats.

Ainsi que nous l'avons annoncé, nous avons à cœur de reconnaître le zèle et la bonne volonté de tous ceux d'entre nos lecteurs et nos lectrices qui prennent part à nos concours. Dans cette intention, il sera attribué une petite récompense (un livre de la collection du *Petit Français illustré*) aux envois qui auront mérité des mentions dans cinq concours, consécutifs ou non, et cela à partir du 1ᵉʳ Janvier 1902. Dès qu'un de nos jeunes amis aura atteint ce chiffre de cinq mentions, il n'aura qu'à nous le faire savoir et à nous indiquer le volume qu'il veut recevoir.

Nous donnons, à la page 334 du présent numéro, les détails du concours réservé à nos *seuls abonnés* (garçons et filles). Il s'agit d'une composition écrite dont le sujet sera intéressant à développer.

JEAN BART
(Tableau à reliefs)

Coller les 4 dessins sur un carton bristol; laisser sécher et découper à l'aide de fins ciseaux le contour de ces dessins.

Le rectangle du haut, à droite, découpé simplement en suivant les lignes droites du contour;

Le dessin du haut, à gauche, en suivant les lignes droites de droite, de gauche, de la base, et la ligne sinueuse du haut, silhouette de l'ensemble des personnages, marquée en gros trait noir;

Le dessin du bas, à droite, en suivant les lignes droites de droite, de gauche, le contour des personnages; enlever également toutes les surfaces blanches entre les personnages;

Le dessin du bas, à gauche, en suivant simplement le contour extérieur.

Coller le dessin du haut à gauche sur celui du haut à droite; coller ensuite sur ce premier ensemble le dessin du bas à droite; et coller le tout sur le cadre du bas à gauche à l'intérieur du grand rectangle dessiné en gros traits noirs.

Voir à notre dernière page le modèle de coloris pour ce tableau à reliefs et les explications sur le sujet représenté. M.

JEAN BART
(Voir la gravure d'ensemble, page 336 de ce numéro.)

LA FAMILLE FENOUILLARD

M. Fenouillard a été lancé par le bison. Aussi tombe-t-il sur le toit du wagon, à la grande stupéfaction de sa famille qui se demande avec anxiété ce qu'il est devenu. Mentalement M. Fenouillard se félicite de son sort. « Car, dit-il, supposons que je sois retombé par terre, cette bête stupide ou une autre me recevait sur ses cornes. »

Enfin madame Fenouillard ayant aperçu un pied de son époux, le mystère s'explique. Partagée entre sa colère et son devoir, madame Fenouillard reste un moment perplexe. Enfin le devoir l'emporte et, pour conserver un père à ses filles, elle tente un sauvetage difficile. Mesdemoiselles Artémise et Cunégonde suivent avec un vif intérêt les détails de l'opération.

Se sentant entraîné par une force qui lui semble considérable et dont il ne se rend pas un compte exact, M. Fenouillard pris de peur se cramponne à tout ce qu'il rencontre. Croyant toujours avoir affaire aux bisons, il se répand en injures et en vociférations : « Créatures stupides, crie M. Fenouillard, bêtes doublement cornues, allez-vous me lâcher ou je me fâche ! »

« Ah ! je suis une bête stupide ! dit madame Fenouillard au comble de l'exaspération. Tiens ! Tiens ! » et à chaque « tiens » l'excellente dame exerce une traction violente qui finit par avoir raison du point d'appui : M. Fenouillard, son parapluie et le point d'appui font alors leur entrée au sein de leur famille, ce qui cause un écroulement général

Madame Fenouillard, après s'être demandé si elle ferait une scène ou garderait un calme méprisant se décide pour le calme méprisant, tandis que M. Fenouillard, ahuri par tant d'événements successifs, éprouve les premiers symptômes de l'aliénation mentale. Ces demoiselles tentent de repêcher le chapeau de Bolivar.

Un double cri d'agonie a réveillé M. Fenouillard de sa torpeur et tiré madame Fenouillard de son calme méprisant. Un frisson passe sur leur épiderme et ils assistent impuissants à la disparition simultanée de mesdemoiselles Artémise et Cunégonde entraînées par une force mystérieuse mais puissante.

PAGE EXTRAITE DE La Famille Fenouillard, par CHRISTOPHE.

Pensant être agréables à nos lecteurs, nous consacrerons de temps à autre la 4e page de ce supplément à la reproduction d'une page prise au hasard dans ces Albums humoristiques qui ont conquis une véritable célébrité, et qui s'appellent : *La Famille Fenouillard, L'idée fixe du Savant Cosinus, Les facéties du Sapeur Camembert.*

Cette page peut être aquarellée d'après l'édition in-4° cavalier entièrement coloriée.

Résultats du Concours de Coloriage

(Suite)

Dubié (Georges).
Ducrest de Villeneuve (Jeanne).
Dubois (Gaston).
Dujardin (Antoine).
Dumay (Georges).
Duriez (Jacques).
Flamarion (A.).
Foulounoux (Pierre).
Fraipont (Fernand).
Franqueville (Pierre).
Gallois (Henri).
Gautier (M.).
Geo. Côme de la Plante.
Giot de Badet (André).
Giraud (Benjamin).
Glachon (Georges).
Gohier (René).
Goré (Natache).
Gourbeyre (Georges).
Guérin (Georges).
Guillet (Marcel).
Harenger (Marguerite).
Hérard (Pierre).
His (Jean).

Hünstler (Henri).
Irigoin (Pierre).
Jac (Charles).
Jousset (Jean).
Julien (Jules).
Lachaise (Elisabeth).
Lagasse (Paul).
Lalouette (Marc).
Langlois (Hélène).
Lapèze (Camille).
Laurenti (A.).
Le Chevalier (Henri).
Lécot (Pierre).
Le Grand (Robert).
Lejeune (E.).
Lemelorel (Marguerite).
Lens (Marie-Louise).
Lévy (Georges).
Lévy (Lucy).
Loroué (Abel).
Lortic (Charles).
Loubrieu (Georges).
Loubrieu (Madeleine).
Marcueyz (Jeanne).

Massillon-Bouvet (Paul).
Maunier (René).
Mauzer (Josèphe).
Meunier (Georges).
Mikol (Robert).
Milliaud (Emmanuel).
Mussely (Charles).
Ouvrard (Adrien).
Pacquet (Adolphe).
Pichard (Raymond).
Pillard (Emile).
Pin (Albert).
Plumat (Jean).
Quirini (Marie).
Ravoi (Georges).
Raymond (René).
Rebouillat (Victorine).
Rémusat (Louise).
Riffaud.
Robert-Houdin (Paul).
Saget (Arthur).
Saint-Dizier (Eugénie).
Saintin (Emile).
Salet (Gaston).

Schimpff (Alice).
Selle (Marguerite).
Senaux (Blanche).
Stricanne Staël.
Stumm (François).
Tailliez (Clovis).
Tartier (René).
Terver (Paul).
Tessier.
Tournier (Louis).
Toussaint (André).
Tresch (Henri).
de Trincaud la Tour (Jean).
Tulliez (E.).
Véron (Camille).
Vigneron (Roger).
Villey (Etienne).
Vincent (Pierre).
de le Vingue (Mlle M.).
Walch (Edouard).
Wiet (Paul).
Wittorski (Henri).
Plus un envoi ne portant aucun nom.

Les mentions ci-dessus recevront un **Souvenir scolaire.**

Dans le Supplément du prochain numéro, nous donnerons la liste des Mentions simples.

A TRAVERS LES ANTILLES

La terrible catastrophe de la Martinique a ému le monde entier et tout ce qui concerne les Antilles sollicite l'attention. Nous avons donc puisé une fois encore dans cette belle publication de la Librairie Armand Colin : l'Album Géographique, de MM. MARCEL DUBOIS et CAMILLE GUY, et nous en avons détaché les gravures ci-contre qui nous montrent les différents aspects de ces contrées si belles, si attrayantes, mais si souvent et si cruellement éprouvées.

LES ANTILLES

DÉCOUVERTE DES ANTILLES.

C'est le 12 octobre 1492 que Christophe Colomb débarqua à l'île de San-Salvador. Le hardi explorateur était absolument convaincu qu'il venait de mettre le pied sur une des îles dépendant des Indes Asiatiques, de là le noms d'Indiens que l'on donne encore aux indigènes de l'Amérique. Ce n'est qu'à son troisième voyage que Colomb aborda au continent américain, près des embouchures de l'Orénoque.

LA VÉGÉTATION AUX ANTILLES.

La nature, aux Antilles, est admirable. D'immenses forêts s'étendent à perte de vue et s'étagent sur les flancs de la montagne. Toutes les essences tropicales, arbustes au feuillage éclatant, bois d'ébénisterie et de teinture, s'y montrent serrés les uns contre les autres et la végétation n'y connaît jamais de repos. Sous ces dômes impénétrables de verdure vivent en grand nombre des oiseaux aux couleurs brillantes, tels que l'oiseau-mouche et le colibri.

LES ANTILLES

MONTAGNES BLEUES DE LA JAMAÏQUE

Dans la partie orientale de l'île de la Jamaïque se dressent de hautes cimes auxquelles on a donné le nom de Montagnes Bleues. Le Cold-Ridge en est, à 2,700 mètres, le point culminant; ces montagnes vues, à distance, semblent enveloppées d'une sorte de brouillard azuré.

L'ÎLE DE CUBA

L'île de Cuba est traversée toute entière par une chaîne de montagnes à laquelle on donne le nom de Sierra Maestra et qui coupe l'île en deux parties. En avant de ces hauteurs, elle est hérissée jusqu'au bord de la mer de collines hautes de 200 à 300 mètres.

UN VILLAGE DE NÈGRES MARRONS A LA JAMAIQUE.

Fuyant les cruels traitements de leurs maîtres et les durs travaux auxquels ils étaient condamnés, les nègres de la Jamaïque ont profité jadis du voisinage des montagnes et des forêts pour s'enfuir et fonder des villages libres. Ces villages devinrent tellement nombreux et les nègres libres tellement redoutables qu'en 1737 les planteurs furent obligés de leur reconnaître une existence officielle.

Le jeu du Nain jaune

Plusieurs de nos lecteurs, après avoir exécuté avec succès le cartonnage et le coloriage du gentil tableau du Nain jaune que nous avons donné en supplément il y a quelques semaines, nous ont écrit pour nous demander comment on joue au Nain jaune. Voici les règles de ce jeu de cartes.

Le nombre des joueurs est de trois au moins, de huit au plus; on fait usage d'un jeu complet de 52 cartes. Si l'on joue à trois, on distribue à chacun 15 cartes; à quatre, 12; à cinq, 9; à six, 8; à sept, 7; à huit, 6. Le *talon* varie, suivant le cas, de 3 à 7 cartes. Le roi est la plus haute carte du jeu, l'as la plus faible. Chaque joueur reçoit un certain nombre de jetons auxquels on attribue une valeur déterminée.

Le sort désigne quel est celui qui donnera les cartes le premier, mais, avant la distribution, les joueurs font leur mise sur le tableau à compartiments, chacun met un jeton sur le dix de carreau, deux sur le valet de trèfle, trois sur la dame de pique, quatre sur le roi de cœur et cinq sur le Nain jaune ou sept de carreau.

Lorsque la donne est terminée, le premier en cartes joue la carte dont il lui convient de se débarrasser et cherche à se défaire de toutes ses cartes avant ses adversaires. Il y a grand avantage à avoir plusieurs cartes qui se suivent, parce qu'on les jette de suite en les appelant, en commençant par la plus basse. Ainsi, on appelle : six, sept, huit, neuf et si on n'a pas le dix, on dit : « sans dix » et on s'arrête ; c'est alors le joueur d'après qui continue, s'il a dix, valet, dame, roi, *sans tenir compte de la couleur*, sinon c'est le joueur suivant qui jette ses cartes. On continue ainsi jusqu'à ce qu'un des joueurs se soit défait de toutes ses cartes, et ait ainsi gagné le coup. Les autres joueurs étalent alors leur jeu et payent au gagnant un jeton pour chaque carte qui leur reste, ou même pour chaque point que représentent les cartes restantes, suivant qu'il a été convenu en fixant les conditions de la partie ; si l'on paye par points, les figures, roi, dame et valet, sont alors comptées pour 10 points.

Toutes les fois qu'on jette une des cartes correspondantes à celles qui sont figurées sur le tableau, on enlève la mise qui est sur cette carte ; mais si elles restent entre les mains d'un des joueurs il a à doubler la mise.

Après le premier coup, on garnit de nouveau le tableau, et la donne passe au voisin de droite de celui qui a donné la première fois.

On appelle quelquefois le Nain jaune : jeu du Lindor..

Résultat du Concours de Coloriage

(Suite)

MENTIONS SIMPLES

Adam (André).
Alexandre (Marcelle).
Amelin (Eugène et Pierre).
Anfré (Jean).
Angebaud (Georges).
Angénieux (Marcel).
Anthoine (Raymond).
Appert (Cécile).
Ardoin (M.).
Arnou (Isabelle).
Asselineau (Charlotte).
Aubert (André).
Bailly (Frank).
Balma (Charles).
Barrat (Magdeleine).
Barthomeuf (Raoul).
Basset (J.).

Bassouls (Pierre).
Baudouin (L.).
Baujard (Stéphane).
Baumann fils (Maxime).
Baumann (M.).
Bax Saint-Maurice (Ch.).
Beau (Adrien).
Beaudeau (Jeanne).
de Beaupré (Louis).
Béclu (Madeleine).
de Bellefeuille (Yves).
Bellier (René).
Berdalle (André).
Bérenger (Charles).
Berger (F.).
Bergevin (Albert).
Berton (Louis).

Bertrand (Gaston).
Biette (Georges).
Blanc (Paul).
Blondeaux (Yvonne).
Bocquillet (Emile).
de Boisserin (Henri).
Boissonnet (Léon).
Boulavrou (Jean).
Bonnefoy (Eugénie).
Bonnemaison (Lilya).
Bordarier (François).
Bouillon.
Bouvas (Paul).
Branco Gentie (Maria-Sophia).
Breffort (P.)
Brementhal (Willy).

Breuguier (Henri).
Briotet (F.).
Brisset (Joseph).
Buquen (Maurice).
Cantrelle (Albert).
Cardeur (Yvonne).
Caresmel (Joseph).
Carlier (Robert).
Carot (Charles).
Cerf (Georges).
Chabaury (Alfred).
Chabot (Eugène).
Charguériaud (P.).
Charpentier (Roger).
Chevallier (P.).
Chouvion (Maurice).
Chrétien (Marguerite).

(Voir la suite des Mentions simples à la 4ᵉ page de ce supplément.)

LIBRAIRIE ARMAND COLIN, rue de Mézières, 5, PARIS.

Le Petit Français illustré, *Treizième année*

901), en deux semestres. Chaque semestre contenant de nombreuses gravures, in-8° jésus, broché, **3 fr.**; Relié toile, tranches dorées. **5 fr.**

LA SIMPLICITÉ
DU SYSTÈME

LE
" LE BROWNIE „
l'appareil idéal
POUR LES ENFANTS
les jeunes gens, les jeunes filles.

EN VENTE CHEZ :

KODAK

PERMET A TOUS
DE FAIRE DE LA PHOTOGRAPHIE

AVEC UN MANUEL
ILLUSTRÉ PERMETTANT

N° 2
12 FR. 50

N° 1
6 FR. 50

DE RÉUSSIR APRÈS
UNE DEMI-HEURE
D'ÉTUDE SEULEMENT.

EASTMAN KODAK, 5, AVENUE DE L'OPÉRA. 4, PLACE VENDOME. **PARIS** *et dans toutes les bonnes maisons de fournitures photographiques.*

LYON, 26, RUE DE LA RÉPUBLIQUE. — *CATALOGUE ILLUSTRÉ franco sur demande.*

LIBRAIRIE ARMAND COLIN, rue de Mézières, 5, PARIS.

Lawn-Tennis, par Let. Un volume in-18 jésus, avec

gravures, cartonnage souple. **1 fr. 50**

TABLE DES MATIÈRES :

Historique du jeu : en Angleterre, en France.

Des cours et des accessoires du jeu. — Comment on apprend à jouer. — Du service. — De la reprise du service. — De la volée. — Des demi-volées. — De la chandelle. — De la partie à deux ou simple. — De la partie à quatre ou double. — Dames et Messieurs. — Dames seules. — Handicaps et arbitres. — Concours.

Appendice. — *A.* Règles. — *B.* Code régissant les Championnats de l'Union. — *C.* Gagnants des Championnats de l'Union ; du Racing-Club ; des Championnats d'Angleterre. — Décisions d'arbitres.

La Natation, par G. DE SAINT-CLAIR. Un volume in-18 jésus,

avec gravures, cartonnage souple . . . . **1 fr. 75**

TABLE DES MATIÈRES :

Historique. — Comment on apprend à nager : dans l'eau ; mouvements à sec. — Des différentes manières de nager : la brasse ; la planche ; sur le dos ; la coupe ; nager en chien. — Nager pour s'amuser : sur le côté ; à l'indienne ; nager debout ; nager tout habillé ; les yeux ouverts ; la planche en crucifix ; la planche en momie ; nager en triton ; un bras hors de l'eau... etc., etc. — Du plongeon et de la natation sous l'eau. — Courses et entraînement. — Des dangers : des herbes ; de la crampe ; des vagues ; du ressac ; des courants. — Instructions pour venir en aide aux personnes qui se noient. — Secours aux noyés. — Conseils. — Water-Polo.

EFFETS D'ACOUSTIQUE

Maître Bonnard, le premier notaire de Saint-Germain-l'Éventé, tient son étude au courant de tous les perfectionnements modernes. Depuis longtemps il y a fait installer un tuyau acoustique.

Le principal clerc trouve que c'est bien commode, parce qu'on correspond avec le patron sans se déranger. Le petit clerc trouve ça *rigolo*.

Qu'est-ce qui arriverait si on mettait de l'encre dans le tuyau? Savoir si ça empêcherait le sifflet d'avertissement de fonctionner.

C'est qu'il souffle fort, maître Bonnard!

Ça ne siffle pas, mais le jet d'encre projeté par le souffle puissant du patron avertit tout de même le principal qui sommeillait.

Le petit clerc commence à trouver que ça tourne mal.

Expiation. Excuses du petit clerc; allocution indignée du patron.

PAGE A COLORIER

MENTIONS SIMPLES *(Suite)*

Clarembaux (Georges).
Clément (A.).
Cloutier (Roger).
Cochin (Félix).
Coëlho (Mⁱˡᵉ).
Cordé (Alfred).
Couillard (Paul).
du Crest (Jeanne).
Damesin (Léa).
Damié (Sarah).
Daubert (Pierre).
Daviau (Jacques).
David (Renée).
Defays (Félix).
Degener-Boning (Germⁿᵉ).
Déglaire (René).
Delauney (Marcel).
Delfaud (Henri).
Delort (Pierre).
Demeurs (Marguerite).
Depincé (Marcel).
Détallante (Marcel).
Divielle (Georges).
Drain (Germaine).
Dubray (Yvonne).
Dufour (René).
Dufour (R.).
Dupire (Maxime).
Dupuy (Marie-Thérèse).
Durand (Victor).
de Dusmet de Smours
    (Victoria).
Egli (Arnold).
Fabre (Jean).
de Faget (Charlotte).
Faure (P.).
Faussette (Marcel).
Faux (Charles).
Favret (Paul).
Ferand (Henri).
Filleau de St-Hilaire (M.).
Filleron (Pierre).
Florisson (Marcel).
Fobelets (P.).
Fontaine (André).
Franais (Jean).
Fredet (G.).
Fredouille (Louise).
Frémond (Raoul).
Frénay (Germaine).
Froc (Elisabeth).
Frot (Georges).
Gardiol (René).
Gassiot (Georges).
Gault (André).
Gaumé (J.).
Gauthier (Alfred).
Gay (Paul).
Georges (Jeanne).
Georges (Joseph).
Gérardin (André).
Géraud (Aurèle).
Gervais (Constant).
Gidoin (A.).
Gilbault (Guy).
Givry (Robert).
Glur (Jules)

Goldstein (Elie).
Gonnard (Robert).
Gorlier (Jean).
Gossart (Raoul).
Gougé (Georges).
Gouot (André).
Gourdon (Numa).
Goutès (Emile).
Granier (Paul).
Grignon (Félicie).
Grimal (Marcel).
Gruffy (René).
Guers (Alfred).
Guiader (Jean).
Guilloteau (Maxime).
Guilloteau (Marguerite).
Guien (Auguste).
Gurrer (Mᵐᵉ).
Hacken (Madeleine).
de Hahn (Baron J.).
Hennecart (Jeanne).
Hermand (Pierre).
Hibon (Marguerite).
Istratty (Edgard).
Jacquet (Charles).
Jacrewski (Georges).
Joliot (Marguerite).
Jourdain fils (Eugène).
Kruger (T.).
Labadie (Jean).
Laborie (Henri).
Labruyère (Pierre).
Lagarde (Jeanne).
Langoux (Gérald).
Laprade (Henri).
Latron (Paul et Denise).
Lauth (Maurice et Pierre).
Lavaud (Alice).
Lavenier (René).
Le Chevalier (Emélie).
Lefèvre (André).
Lefèvre (Marie-Isabelle).
Leffroy (Robert).
Legay (F.).
Legendre (Georges).
Lejeune (Estelle).
Lejuif (Max).
Lemaire (Pierre).
Lemonnier (L.).
Lenoble (P.).
Lèques (G.).
Leroux (Paul et Germaine).
Leroy (André).
Leroy (Paul).
Lesieur (L.).
Levasseur (Louis).
L'Huillier (Claude).
Liévin (Frédéric).
Loez (Emile).
Louyriac (Charles).
Lussigny (Joseph).
Magniez (Roger).
Mahut (Germaine).
Maillière (Jean).
Mallet (G.).
Mantout (Marcel).
Marchand (Alexandre).

Marchand (Etienne).
Marcoux (Georges).
Margarot (Charles).
Mariaud (A.).
Marion (Charles).
Marguignon (Charles).
Martin (Louise).
Massé (Albert).
Masson (André).
Masson (Ernest).
Matthey (Edouard).
Mauge (Lucien).
Maurice (Abel).
Maurice (Louis).
Méchin (Paul).
Mendia (Joseph).
Mercier (André).
Mermilliod (Eugène).
Mestag (Henri).
Michel (Céline).
Michiels (Alphonse).
Midrié (Bernard).
Monnot (Marie-Louise).
de Monserand (Pierre).
Montigny (Fernand).
de la Morandière (V.).
Moulin (Henry).
Moulin (Louise).
Mouret (Andrée).
Mouriau de Meulenacher
    (Adolphe).
Mudant (Mⁱˡᵉ M.).
Muguruza et Otavio
    (Pierre).
Muller (Raymond).
Munier (Henry).
Nègre (Berthe).
Négrier de Verbizier (Abel).
Neyrat (Marc).
Nicoud (Maurice).
Olive (Pierre).
Olivier (Louis).
Opoix (Maxime).
Ozan (Louis).
Pichard (Raymond).
Paillard (Camille).
Pancard (Georges).
Parant (Louis).
Pâtureau (Henri).
Payen (Paul).
Péan (Louis).
Penez (Paul).
Péquin (P.).
Péradon (Pierre).
Perrier (Marie-Louise).
Perrin (Marcel).
Perroche (Henriette).
Perrot (René).
Pierre (A.).
Pilet (Suzanne).
Pintart (Pierre).
Pommerenke (René).
Poncet (Augustin).
Pougeois (Simone).
Poussin (Emile).
Pouyet (Henri).
Pouzet (Jean).

Prevost (Jean).
Puyhardy (René).
Quinsier (Paul).
Ragon (Marcel).
Rameau (Paul).
Réal (Berthe).
Rechain (Marius).
Régert (Gilberte).
Reitlinger (Henri).
Reveillant (André).
Richette (André).
Riff fils (Adolphe).
Rinskopf (Jean).
Robert (André).
Robert (Fernand).
Robin (Louis).
Roche (Jean).
Rousseau (Marcel).
Rousseau (Robert).
Roger.
Roux (Louise).
Rumler (Pierre).
Rusiaque (André).
Salomon (Léa).
Schmitz (Simone).
Schnéégans (Pierre).
Schwartz (Georges).
Second (Henri).
Sémont (Xavier).
de Silva (André).
Simian (Ernest).
Sinoir (Auguste).
Slosse (Félix).
Sourdillon (Marc).
de Souza (Carlos)
Speranza (Mⁱˡᵉ).
Strobel (Mⁱˡˡᵉˢ).
Strohl (Madeleine).
Tacheau (Emile).
Teurlings (Jules).
Ternisien (Edmée).
Thavard (Eugénie).
Theurel (A.).
Thévenot (Maurice).
Thiébaud (Marcelle).
Thomas (Robert).
Thorel (Jean).
Tourmen (Albert).
Toussaint (Louis).
Tranier (Jean).
Valadier (Mathieu).
Vallod (Louis).
Vandenbosche (Georges).
Vanden Driesche (Alexis).
Vanderpooten (Maurice).
Van Weede (Isabelle).
Vellard (Louis).
Verbert (Paul).
Villot (Marcel).
Vinot Préfontaine (Jacq.).
Vivier (Gilbert).
Waterheyen (Lucie).
Weber (Paul).
Wehrlé (Fernand).
Wenning (Edmond).
de Woelmont (W.).
Yonnet (Marcel).

Toutes les mentions simples recevront une *Carte illustrée* en souvenir de ce concours.

RÉCRÉATION MANUELLE, par TOM TIT

Des joujoux en légumes! Mais pourquoi pas? Et vite fabriqués, et drôles!!! Du reste, vous allez le voir.

J'ai choisi, pour aujourd'hui, des légumes bien communs, qui sont : la carotte, le navet, le radis. Et nous commençons...

Guignol. — Carotte, navet et radis se trouvent réunis dans notre Guignol. Vous voyez, sur notre dessin nº 1, le farouche roi Assuérus (une carotte), rouge de colère, qui s'attendrit en voyant la blanche Esther (un navet) se jeter à ses pieds; c'est pourquoi, loin de la faire mettre à mort, il lui tend son sceptre à baiser. Ce sceptre est un radis piqué au bout d'un crayon!

Disons d'abord comment est fait notre théâtre; il se compose tout simplement de deux chaises, placées l'une à côté de l'autre, et ayant leurs dossiers tournés du côté du public et recouverts d'un rideau, d'un drap ou d'une étoffe quelconque. Voilà le Guignol derrière lequel l'opérateur manœuvrera ses poupées. Pour être plus à son aise, je lui conseille de poser les deux chaises sur le bord d'une table; il pourra ainsi rester debout et sera plus libre de ses mouvements.

Quant aux poupées en légumes, voici comment on les improvise en très peu de temps.

(Voir la suite page 3 de ce Supplément).

ÉCHANGES DE CARTES POSTALES ILLUSTRÉES

Nous avons maintenant une rubrique spéciale consacrée aux échanges de cartes postales illustrées. Nos petits abonnés et lecteurs et nos jeunes lectrices bénéficient seuls de la faculté de correspondre ici entre eux pour leurs échanges. Nous recevons le texte des annonces qui doit être accompagné du montant, à raison de 10 centimes par mot, pour les frais de *composition* de l'annonce.

CARTES POSTALES. — On désire échanger cartes postales. Écrire à M. José Mendia, 309, Cortés, à Barcelone (Espagne).

Georges Faucon, à Eyragues (Bouches-du-Rhône), échangerait cartes postales.

Tiburce Lebas, rue la Tannerie, Calais (Pas-de-Calais), désire échanger cartes illustrées avec tous pays. Toujours valable.

Le corps est figuré, comme dans les Guignols ordinaires, par la main de l'explorateur, cachée sous un mouchoir, un foulard ou un morceau d'étoffe; il fait avancer son pouce et son doigt du milieu, qui doivent représenter les deux bras de la poupée.

C'est entre ces deux doigts qu'il serre les objets, bâton, sceptre, etc.; que les personnages semblent tenir entre leurs bras.

L'index de l'opérateur est enfoncé dans un trou creusé obliquement avec un canif dans la carotte ou le navet servant à représenter la tête des poupées. Le tracé en pointillé, sur le dessin représentant le roi Assuérus, vous montre dans quelle direction ce trou doit être creusé.

Pour la tête du roi, choisissez une carotte un peu courte, bien rouge, et garnie de fanes abondantes; ces fanes constitueront un panache qui s'agitera d'une façon très amusante au moindre mouvement du monarque. Vous ornerez sa tête d'une couronne en carton mince recouverte de papier doré ou de papier d'étain.

Pour les yeux, enfoncez dans la carotte deux grains de poivre ou deux grosses perles noires; plus simplement, vous pourrez vous contenter de tracer avec de l'encre les yeux, le nez et la bouche; mais votre personnage sera beaucoup plus drôle si vous piquez devant la figure, avec un bout d'allumette pointu, un gros nez en carotte découpée, et si vous lui donnez une grande bouche en faisant dans la carotte une profonde entaille.

Il aura ainsi une figure beaucoup plus étrange, et sillonnée de rides qui seront figurées par les crevasses du légume.

N'enlevez pas la racine, qui représentera la longue barbiche en pointe.

Passons à la reine Esther, dont un navet rond nous fournira la tête. Raclez ce navet avec un couteau, pour le rendre bien blanc, et vous ne vous étonnerez pas d'entendre Assuérus s'écrier, dès qu'il l'aperçoit :

> ... Dieux puissants quelle étrange pâleur
> De son teint tout à coup efface la couleur?

Vous pouvez coller un petit morceau de navet pour imiter le nez de la reine, ou vous contenter de tracer sa figure avec un peu d'encre ou de fusain.

Les fanes de navet fournissent le panache qui se balance gracieusement sur la tête de la souveraine.

Une couronne de carton mince, garnie de papier doré, sert à maintenir le bord d'un voile de tulle ou de mousseline, ainsi que les extrémités des brins de laine, jaune ou brune, figurant les longs cheveux d'Esther.

La robe est un foulard blanc ou de teinte très claire, de même que la ceinture.

Et maintenant, récitez, avec un grand sérieux, une tirade de 'la tragédie d'Esther, en faisant manœuvrer vos personnages et je vous promets un joli succès.

Fleurs. — Rien n'est plus facile que de découper, dans la chair tendre de la carotte et du navet, des roses ou des camélias, aux pétales entr'ouverts. J'ai admiré une fois un bouquet de roses ainsi fabriqué par un cuisinier, et, à un dîner de mariage qui se donnait en plein hiver, une corbeille de verdure au milieu de laquelle étaient disposés d'admirables camélias blancs et roses. Ces camélias n'étaient autre chose que de gros navets taillés par le jardinier; il avait mis sur quelques-uns un peu d'encre rouge, ce qui leur donnait l'aspect de fleurs panachées du plus gracieux effet.

Les radis nous fourniront aussi de jolis boutons de roses, si nous les découpons avec un canif, comme l'indique notre dessin n° 3. Au lycée, nous ne manquions jamais, lorsqu'on nous servait des radis, d'arborer à la boutonnière de nos tuniques des boutons de

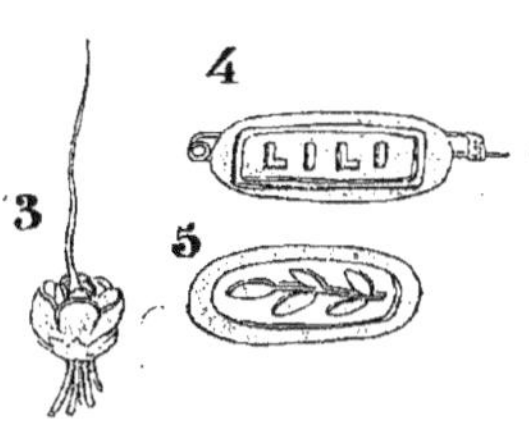

fleurs de ce genre. Pour les jeunes filles, ce sont des bijoux que les radis leur fourniront. Voici, par exemple, deux charmantes broches obtenues en découpant, avec la pointe d'un canif, la fine peau d'un radis un peu allongé dont on a enlevé la pointe. Dans le dessin n° 4, vous voyez la broche ornée d'un nom se détachant en blanc sur fond rouge; dans la fig. 5, c'est une fleur qui se détache en rouge corail sur fond blanc.

Les broches ainsi improvisées se fixent au moyen d'une épingle anglaise, et elles sont si gentilles qu'on regrette de les voir durer ce que vivent les roses... et les radis!!!

Rat blanc. — Enlevez une tranche d'écorce tout le long d'un navet, et posez-le sur la partie ainsi devenue plate. Vous voyez que cela a suffi pour donner au navet la forme d'un rat blanc. Pour lui faire des oreilles, nous les découperons dans le morceau que nous venons d'enlever et les enfoncerons des deux côtés de la tête. Pour les yeux, nous enfoncerons les têtes de deux épingles noires, ou deux perles noires ou roses; enfin, quelques fibres râclées sur la racine poilue du navet seront les moustaches du rat, et nous les piquerons dans son museau. On fend légèrement la bouche, dans laquelle on introduit une fane du navet, et voilà notre rat à table!

Avec des radis, vous fabriquerez par le même procédé des familles entières d'amusantes et jolies souris roses.

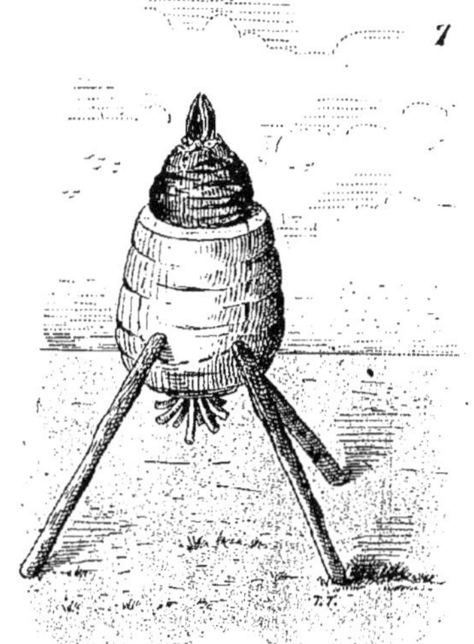

7

Carotte-vase de fleurs. — Creusez tout l'intérieur d'une grosse carotte, comme l'indique le tracé en pointillé de la fig. 7. Auparavant, vous aurez coupé la pointe et les fanes, mais en laissant à la tige des fanes un centimètre de longueur environ.

Retournez la carotte ainsi évidée et remplissez-la d'eau, après avoir enfoncé tout autour du collet trois bouts de bois en forme de trépied. Voilà un vase original dans lequel vous pourrez placer des fleurs. Mais il est bien plus curieux d'y poser, sur le haut du trou, un oignon de jacinthe que vous verrez fleurir si vous avez soin de maintenir la carotte pleine d'eau. Enfin, l'humidité qui a pénétré la carotte aura, pendant que la ja-

cinthe fleurit, fait repousser les fanes de votre carotte,
et, comme elles ne veulent pas pousser à l'envers, vous

La même curiosité peut être constatée avec un navet, mais
les fanes dentelées de la carotte sont d'un aspect plus
élégant.

.·.

Don Quichotte. — Enfin, voici pour les amateurs
un sujet digne d'exercer leur adresse : il s'agit de reproduire, avec des radis, la scène de Don Quichotte se
battant contre les moulins à vent.

Taillez le moulin dans une carotte, comme vous l'indique le dessin n° 6. Fixez le moulin sur un morceau
de carotte servant de socle, au moyen d'une allumette
ou d'un morceau de bois. Traversez horizontalement le
moulin par un fil de fer ou un clou au bout duquel vous
fixerez les ailes en carton, maintenues par un petit
morceau de liège.

Rossinante, le cheval de notre héros, sera un radis
un peu long au bout duquel nous fixerons, par un bout
d'allumette pointu, un radis plus petit qui sera la tête.
Deux petits bouts d'allumettes seront les oreilles. Le
corps sera monté sur quatre pattes en allumettes ; les
fanes, un peu raccourcies, représenteront la queue du
coursier. En enlevant par places la peau du radis figurant le corps du cheval, nous ferons apparaître la selle
et la sangle en blanc sur fond rouge. De même pour
l'âne de Sancho, qui paît dans le champ voisin.

Pour la tête de Don Quichotte, figurez en blanc le
casque, dont les fanes seront le panache ; la racine du
radis qui lui sert de tête représentera sa barbe en
pointe. Pour la tête de Sancho, le radis, fixé au corps
par une épingle ou un bout d'allumette, sera à l'envers ;
et sa pointe, dressée vers le ciel, sera râclée de façon
qu'elle imitera un bonnet de coton. La bouteille de vin
sera teintée en rouge et blanc par le même procédé.
Inutile de vous dire que vous pourrez varier les récréations de ce genre au gré de votre fantaisie. J'espère
que cela vous amusera beaucoup, ainsi que vos amis.

TOM TIT.

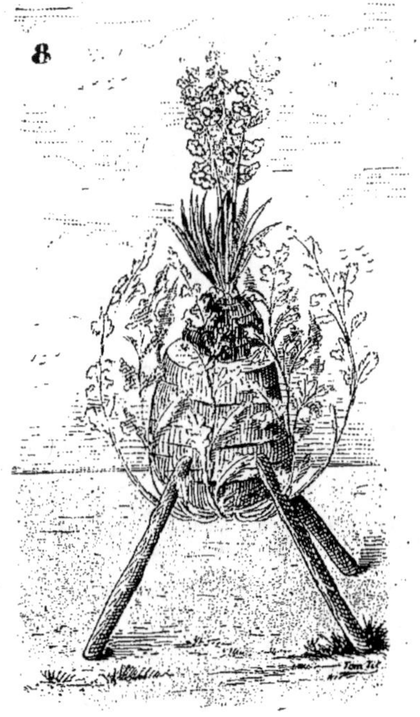

les verrez se redresser tout autour de la carotte, à laquelle elles fourniront un gracieux berceau de verdure.

Concours réservé à nos Abonnés

Nous rappelons l'objet et les conditions du Concours réservé à nos Abonnés, garçons et fillettes, et qui, ouvert le 14 juin, sera clos le 30 du présent mois.

Sujet. — Sous forme de lettre adressée, soit à un parent, soit à un ami, soit au **Petit Français** lui-même, dire comment vous espérez passer le temps des vacances prochaines.

30 lignes au minimum, 50 au maximum.

Tous les envois devront être accompagnés de la **bande d'abonnement**.

Des récompenses seront attribuées aux plus méritants ; en outre les deux meilleures compositions (une pour les garçons, une pour les fillettes) seront publiées, s'il y a lieu, dans le Supplément.

ALBUMS ILLUSTRÉS

A. B. C. Jean Bedel. Un volume in-4°, nombreuses illustrations en noir et en couleur. Couverture tirée en couleur, cartonné. **1 fr. 50**

Pour lire seul, Historiettes aux tout petits, par M. D'ALLONNE, illustrations par AMÉLIE BERTRAND. Un volume in-8°, 60 gravures, couverture tirée en couleur, broché, **1 fr. 25**; cartonné. . . . . **1 fr. 75**

Pour les petits enfants. — Le premier livre, par Mme BLANCHE MAROIS. Un volume, in-4° carré, nombreuses gravures en noir et en couleur, cartonné, tranches jaspées . . . . **4 fr. 50**

Pour les petits enfants. — Le second livre, par Mme BLANCHE MAROIS. Un volume in-4° carré, nombreuses gravures en noir et en couleur, cartonné, tranches jaspées . . . . **4 fr. 50**

LIBRAIRIE ARMAND COLIN, Rue de Mézières, 5, PARIS.

COLLECTION ENFANTINE JEAN BEDEL

Leçons de Choses. (*J'ai six ans et je m'intéresse aux* **Leçons de Choses**) Un vol. in-12, avec 113 gravures, cartonné. . . . . **50 centimes**

Lectures progressives. (*J'ai cinq ans et je lis*) Un vol. in-12, avec 27 gravures, car onné . . . . **50 centimes**

Grammaire. (*J'ai six ans et j'apprends la* **Grammaire**). Un vol. in-12, avec 25 gravures, cartonné.. . . . . **50 centimes**

Exercices français. (*J'ai six ans et je fais des* **Exercices français**). Un vol. in-12, avec 30 gravures, cartonné. . . . . **50 centimes**

Géographie. (*J'ai six ans et j'apprends la* **Géographie**). Un volume oblong, 10 cartes en couleur et 32 gravures, cartonné. . . . . **75 centimes**

Histoire de France. (*J'ai sept ans et j'apprends l'***Histoire de France**). Un vol. in-12, avec 50 gravures et cartes, cartonné. . . . . **50 centimes**

Arithmétique. (*J'ai six ans et j'apprends l'***Arithmétique**). Un vol. in-12, avec 80 gravures, cartonné. **50 centimes**

Rédaction. (*J'ai huit ans et je m'exerce à la* **Rédaction**). Un vol. in-12, avec 100 gravures, cartonné . . . . **50 centimes**

Histoire sainte. (*J'ai sept ans et j'apprends l'***Histoire sainte**). Un vol. in-12, avec 50 gravures et cartes, cartonné. . . . . **50 centimes**

LA BERGÈRE ET SON TROUPEAU

Coller la planche entière sur un carton bristol fort ; laisser sécher. Découper ensuite tous les dessins. Les surfaces blanches à la base de chaque petit sujet seront rabattues en arrière pour former un support.

Et l'on pourra faire paître sur un meuble quelconque ou sur une cheminée un gentil troupeau de carton, gardé par la bergère et son chien.

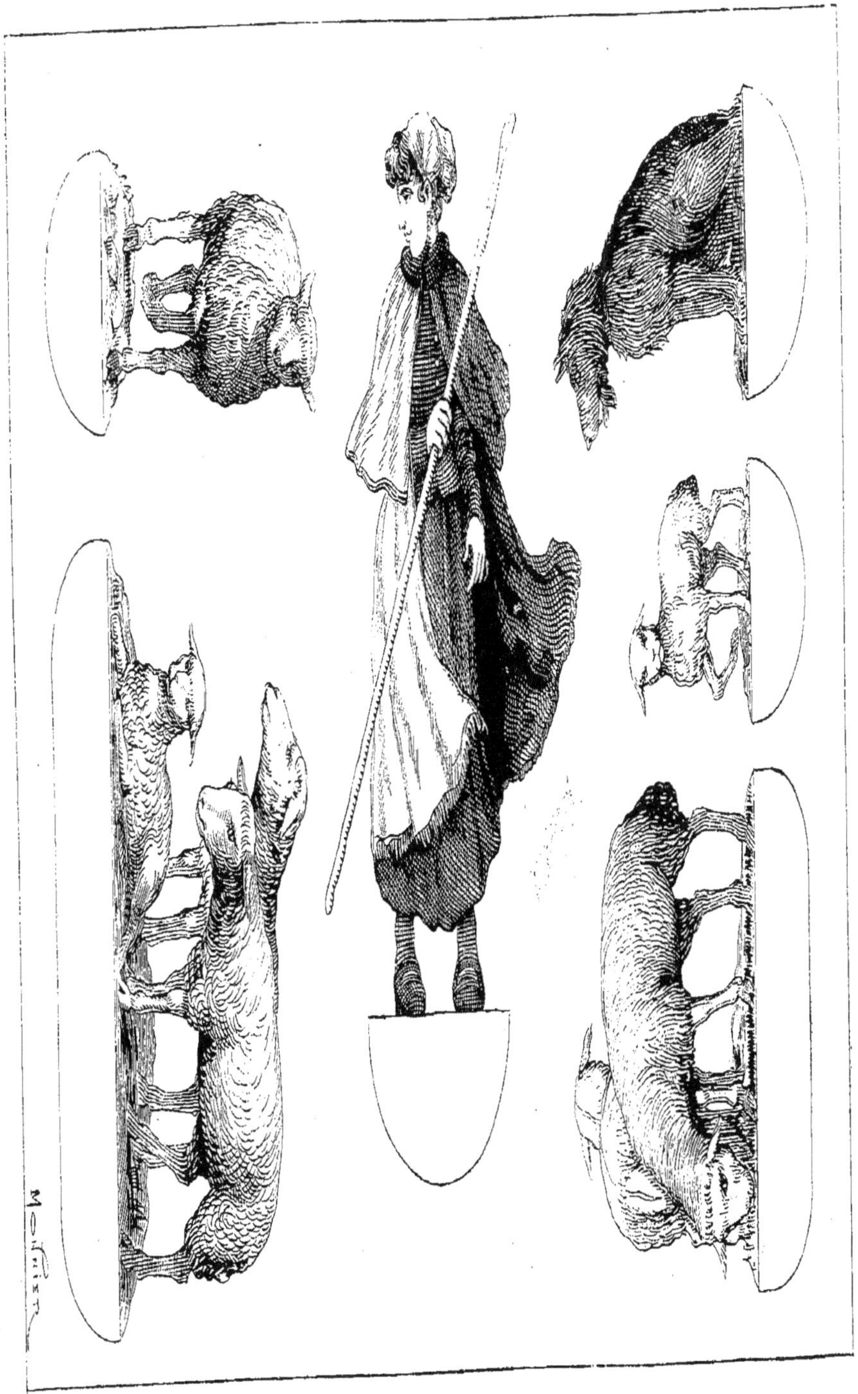

La Bergère et son Troupeau.

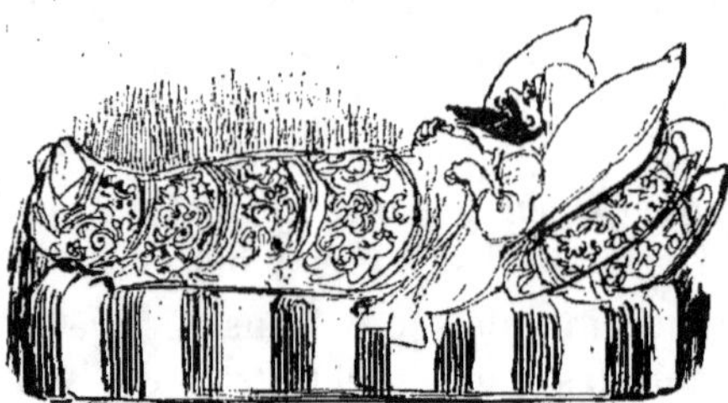

Instructions
pour le montage de ce Supplémen

Coller sur un carton le dessin de droite. Coller sur u
autre carton les dessins ci-dessous. Quand les carton
seront bien secs, colorier la maison et les petites figures
et disposer celles-ci de manière à ce qu'elles correspon
dent avec les ouvertures. Placez le second carton der
rière le premier et ouvrez portes et fenêtres en suivan
le pointillé avec la lame d'un canif.

Ali-Baba, ou les Quarante Voleurs, par A. Robida.

LA FAMILLE FENOUILLARD

Ils atteignent enfin les glaces du détroit de Behring !
Madame Fenouillard déclare aussitôt en prendre possession
au nom de la municipalité de Saint-Remy-sur-Deule, et
plante sur un tas de neige l'étendard de ses ancêtres.

M. Fenouillard salue le drapeau de 101 coups de canon,
comme c'est l'usage. — (Nota. — N'ayant qu'un pistolet et
peu de poudre, M. Fenouillard ne fait qu'une décharge ef-
fective : les cent autres restent intentionnelles.)

La balle ayant atteint dans l'œil une ourse blanche qui
prenait le frais dans le voisinage, accompagnée de ses deux
héritiers, M. Fenouillard se trouve avoir involontairement
fait deux orphelins.

Emue et toujours irritée, Madame Fenouillard interpelle
son époux : « Tigre altéré de sang ! que vont devenir ces
deux innocents privés de l'aile maternelle ? — Nous les
prenons sous la nôtre ! » déclarent ces demoiselles.

Mais le salut au drapeau ayant ébranlé l'atmosphère, il
se produit de tous côtés des craquements sinistres, et les
pauvres Fenouillard constatent avec une stupeur mêlée
d'angoisse que le champ de glace se disjoint...

Et qu'ils sont devenus le jouet des flots qui les entraî-
nent vers des régions inconnues, hyperboréennes ou tropicales. Toute la famille tombe dans un amer découragement
suivi d'un morne désespoir.

PAGE EXTRAITE DE **La Famille Fenouillard,** par CHRISTOPHE.

Pensant être agréables à nos lecteurs, nous consacrerons de temps à autre la 4ᵉ page de ce supplément à la
reproduction d'une page prise au hasard dans ces Albums humoristiques qui ont conquis une véritable célébrité,
et qui s'appellent : *La Famille Fenouillard, L'Idée fixe du Savant Cosinus, Les facéties du Sapeur
Camembert.*

Cette page peut être aquarellée d'après l'édition in-4ᵉ cavalier entièrement coloriée.

LIBRAIRIE ARMAND COLIN, Rue de Mézières, 5, PARIS.

Éléments de Pisciculture pratique, par J. JAFFIER, Président de la Société de Pisciculture de la Creuse, Membre de la Société des Sciences naturelles et archéologiques de la Creuse. Un volume in-18 jésus, illustré de 50 figures, broché. (Ouvrage couronné par la Société d'Encouragement pour l'Industrie Nationale). . . . . **2 fr.**

1ʳᵉ partie. Repeuplement des rivières non navigables et des ruisseaux : la truite et les salmonidés, la carpe, la tanche, la perche, l'écrevisse. — **2ᵉ partie.** Repeuplement des étangs. — **3ᵉ partie.** Service de la Pisciculture.

L'AQUARIUM

Remarquons attentivement le dessin représentant cette construction terminée.

Nous voyons un pied de bois assez large et entaillé ; nous voyons également deux plaques de verre rectangulaires placées l'une contre l'autre. Les deux cadres représentant des rochers sont collés sur ces plaques de verre. A la partie inférieure des cadres de rochers, on voit une surface blanche limitée par du pointillé ; cette surface blanche se trouve également collée sur le verre ; elle est avec ce verre engagée dans la rainure du bois et par conséquent invisible. L'entaille du bois doit être de même dimension en largeur que l'épaisseur des deux plaques de verre. Ces plaques de verre seront collées l'une sur l'autre aux angles.

Entre les deux plaques de verre, les poissons et le fond de la mer seront placés après avoir été découpés. On pourra même étendre entre ces plaques une feuille de papier à décalquer qui, vue en transparence à la lumière, ressemblera vraiment à de l'eau. Certains poissons seront mis d'un côté de la feuille de papier, et les autres du côté opposé. L'illusion sera alors complète ; il y aura un premier plan, un second plan, de la profondeur en un mot.

Si l'on ne peut se procurer et faire entailler un pied de bois, et si l'on ne peut également se procurer les plaques de verre, l'on se contentera de coller les deux cadres de rochers sur du carton fort, de les découper, de placer et coller entre ces cadres une feuille de papier à décalquer, et de coller encore sur la feuille de papier le fond de la mer et les poissons. On fabriquera un pied avec des morceaux de carton pliés à angle droit et collés à la base du cadre de rochers.

Il faudra, bien entendu, colorier tout cela avec goût ; ne pas manquer d'étendre sur la feuille de papier à décalquer une belle teinte *vert d'eau*. Les rochers seront coloriés en brun ; les poissons, les crustacés, etc..... avec ces teintes indécises qui colorent en général les bêtes et les plantes vues dans l'eau profonde.....

M.

L'Aquarium.

RÉSULTAT
DU
« Concours TOM TIT » (7e Concours)

Le résultat de ce "Concours Tom Tit" a été absolument remarquable, quelques-uns des portefeuilles envoyés étaient tout à fait jolis, et à peu près tous parfaitement conditionnés ; aussi l'attribution d'un prix a-t-elle tenu le plus souvent à peu de chose, à un détail qui aura échappé à l'artiste, mais que l'œil exercé de Tom Tit a su découvrir. Que tous, lauréats et mentionnés, reçoivent ici nos félicitations, même ou plutôt surtout ceux qui ont négligé de mettre leur nom dans l'envoi, et qui, par le fait de cette négligence, se verront frustrés d'une récompense.

Et maintenant qu'allons-nous faire des centaines de portefeuilles qui ont donné aux bureaux du *Petit Français* l'aspect d'un véritable bazar ? Les renvoyer à leurs fabricants était peu pratique, et de plus assez dispendieux. Nous leur avons trouvé un emploi : par les soins de Tom Tit, qui a fondé l'œuvre si charitable des *Bons jeudis*, ils vont être distribués aux plus méritants des enfants pauvres que notre collaborateur réunit une fois par semaine. Ce sera une récompense et une joie pour tous ces enfants. Et nos lecteurs auront doublé leur effort d'ingéniosité d'une bonne action.

PRIX D'HONNEUR offert par TOM TIT

La Science amusante, 3 volumes reliés toile et dorés sur tranches, avec une dédicace de l'auteur.

M. Eugène CASTEL, à Perpignan.

PREMIERS PRIX

Un volume à choisir dans la collection in-8° illustrée ci-dessous.

Berthelotet (Jules).	Trégoin (P.).	Raynaud (Mlle).
Delort (Pierre).	de Lamberts (Marie).	Selle (Marguerite).
Garnier (Henri).	Letellier (Jean).	Thiéry (Hélène-Marie).
Hestret (Jeanne).		Vigneron (Roger).

Plus un envoi sans aucune désignation.

Collection in-8° illustrée : **Une famille parisienne à Madagascar**, par A. Badin, illustrations de A. Lalauze. — **Ennemis d'enfance**, par David-Sauvageot, illustrations de Mas. — **Contes du pays d'Armor**, par Marie Delorme, illustrations de Bourgain, Robida, etc. — **Petites histoires pour apprendre la vie**, par Pierre Laloi, illustrations de Mas, Deroy, Ferdinandus, etc. — **Le Capitaine Bellormeau**, par A. Robida. — Chacun de ces volumes, relié toile, tranches dorées, est d'une valeur de 6 francs.

DEUXIÈMES PRIX

Un volume à choisir dans la Collection du *Petit Français illustré*.

François (Charles).	Lanternier (René).	Pasquin (Jean).	Simonneau (Georges).
Barenger (Mlle M.).	Lehr (MM. et Mlles).	Pintart (Pierre).	Vuillaume (Henri).
de Lamberts (Marguerite).	Mony (L.).	Roustan (Jeanne).	Wehrlé (Albert).
de Déroff (Yv.-Germaine).	Morin (Louis).	Rzevouski (Alexandre).	Wolf (Pierre).

(*Voir la suite du résultat page 2*).

ÉCHANGES DE CARTES POSTALES ILLUSTRÉES

Nous avons maintenant une rubrique spéciale consacrée aux échanges de cartes postales illustrées. Nos petits abonnés et lecteurs et nos jeunes lectrices bénéficient seuls de la faculté de correspondre ici entre eux pour leurs échanges. Nous recevons le texte des annonces qui doit être accompagné du montant, à raison de 10 centimes par mot, pour les frais de *composition* de l'annonce.

Cartes postales. — M. Lamy, gare de Valenciennes, échange cartes postales.

M. J. Vieillard, 2, place Saint-Quentin, à St-Quentin (Aisne), désire échanger cartes postales.

Mademoiselle Marthe Teissier, à Jausiers (Basses-Alpes), désire échanger cartes postales avec tous pays.

M. Jean Millot, à Berthenicourt (Aisne), désire cartes vues.

Conseils pour le coloriage et le piquage de la statue de Jeanne d'Arc

Notre dessin est la reproduction de la statue du sculpteur Fremiet que l'on voit sur la place des Pyramides, rue de Rivoli, à Paris.

Il peut être mis en couleur : on peut, à l'aquarelle ou aux crayons, imiter la teinte verte et les reflets du bronze, ou, si on le préfère, donner au visage, à l'armure, au cheval, leurs teintes naturelles.

Les jeunes filles et quelques jeunes garçons, qui ne dédaignent pas de manier l'aiguille, pourront piquer et broder ce dessin.

Piquage et brodage. — Collez la feuille imprimée sur un papier blanc pour en doubler l'épaisseur. Employez de préférence la colle de pâte ou la colle de riz dont nous avons déjà donné la recette. Évitez les plis et les boursouflures. Vous obtiendrez ainsi un carton léger de la consistance du bristol. Quand la feuille est bien sèche, piquez avec une aiguille tous les points indiqués dans le dessin. Ensuite, avec de la laine fine, de la soie ou du coton à marquer, repassez dans tous ces petits trous en faisant ce qu'on appelle le point de piqûre. (Point et arrière-point.)

Vous obtiendrez le dessin du modèle au trait.

Certaines petites filles très adroites sauront, avec l'aide de leur maman ou d'un grand frère, reproduire notre dessin sur un morceau de drap ou de satin et faire ainsi le sujet d'un dessous de lampe, d'un sachet, d'un porte-lettres ou de tout autre objet.

Résultat du « Concours TOM TIT » (Suite)

MENTIONS HONORABLES

André (Charles).
d'Andrimont (Mlle M.).
d'Andrimont (Suzanne).
Balma (Charles).
Binet (Marcel).
Bitterlet (André).
Boitiat (Léon).
Bonnemaison (Lily).
Bothet (Paule).
Bourganel (Pierre).
Bowas (P.).
Brigaud (Adèle).
Castex (André).
Cabanes (Élie).
de Carvalho (Henry).
Catalan (Marcelle).
Caveing (Gaston).
Conhé (Clovis).
Cossé (Jean).
Cossé (Marcel).
Deville (Paul).

Dénarié (Camille et Emmanuel).
Drain (Germaine).
Dupuy (Marie-Thérèse).
Farde (Silvère).
Florisson (Marcel).
Gaudin (Charles).
Goderus (Germaine).
Gossart (Raoul).
Granier (Paul).
His (Jean).
Lagasse (Paul).
Lambert (Léon).
Lambert (Henri).
Larenaudie (Félix).
Lécussan (Joseph).
Leroux (Germaine et Paul).
Leroy (Anne).
de Lima Lages (Etelvina).
Loubière (René).
Manecy (Georges).

Marbais (Suzanne).
de Masjambost (Emman.).
Massé (Albert).
Maublanc (René).
Michau (L.).
Michel (R.).
Milhau (Paul).
de la Morandière (Charles).
Pacaud (Hector).
Paganini (Francesca).
Patin (Suzanne).
Poncet (Augustin).
de Ponton d'Amécourt (Bernard).
Porte.
Pouch (Charles).
Regnault (Raymond).
Reitlinger (Henri).
René (Raymond).
Robin (François).
Rottée (Louis).

Ruat (Maurice).
Rupied.
Saboulard (René).
Saint-Dizier (Eugénie).
Salet (Gaston).
Santerre (Gaston).
Schwarz (Henri).
Servonnet (Charles).
Simonneau (Emilienne).
Tailleur (Marcelle).
Tardy (Léon).
Travers (Henri).
Travers (Renée).
Van den Driesche (Alexis).
Vaumecq (Léon).
de Vézy de Beaufort (Madeleine).
Vuga (Henriette).
Vuidepot (R.).
Wahl (Roger).
Wehlen (Charles).

Les mentions honorables recevront la carte illustrée du *Petit Français*, plus deux cartes artistiques.

MENTIONS SIMPLES

Abeille (Jeanne).
Adam (André).
Agou (Henriette).
André (Joseph).

Augebaud (Georges).
Audonnet (Adrienne).
Azuavour (Vincent).
Balfourier (Marcel).

Barbier (Georges).
Barbier (Maurice).
Bassouls (Pierre).
Baudrière (Louis).

Bazinet (André).
Beaudeau (Jeanne).
de Beauffort (Guy).
Beaumont (René).

(*Voir la suite des Mentions simples page 4.*)

JEANNE D'ARC.

Résultat du « Concours TOM TIT » (Suite)

Beauvais (Marie).
Beluche (Gaëtan).
Bérard (André).
Berger (Nicolas).
Berthier (Georges).
Berthier (René).
Berton (Louis).
Berlout (Gérard).
Bergevin (Albert).
Bernard (J.).
Bertrand (Pierre).
Bertrand (René).
Biasse (René).
Binard (Pierre).
Blanchard (Jean).
Bloch (Marcel).
Boissonnet (Léon).
Boneyds (Louise).
Bontemps (François).
Bony (Marthe).
Boulogne (Louis).
Bourdoucle.
Bourret (M.).
Boulier (Marcel).
Bréchot (Emile).
Brillet (René).
Brisset (Joseph).
Brochet (J.).
Bronislas-Danyoz.
Broquier (Georges).
Buisson (Jean).
du Bus (Jacques).
Butor (Louis).
Cadillac de Madières
          (Gabrielle).
Canaly (Louis).
Cardeur (Yvonne).
Carot (Charles).
Castin (M.).
Cavaillès (Roger).
Cestia (Félix).
Chanez (Jules).
Chantepie (Lucien).
Chaumont (François).
Chesne (Camille).
Chevreau (Maurice).
Clemot (Lucette).
Cochin (Félix).
Coeffier (Camille).
Coëlho (Marie).
Combanère (Charles)
Commeigues (Jeanne).
Coquelz (Marthe).
Couillard (Paul).
Courtillet (Marcel).
Courtonne (Paul).
Cristel (Henri).
Daubert (Pierre).
Dauvergne (Mlle H.).
Delachaume (Gaston).
Delalonde (Maurice).
Delaye (Clodomir).
Delens (Marie-Thérèse
          et Jacques).
Desaché (Renée).
Desclaire (Gustave).
Desgrouce (Georges).
Desmond (René).
Desroys du Roure (Mlles).
Devillé (Fernand).
Dèzes (Mlle Mag.).

Dubois (Gaston).
Dubray (Yvonne).
Ducret (Maurice).
Dujardin (Antoine).
Dujardin (Madeleine).
Dumay (Georges).
Dupin (Pol).
Dupont (Maurice).
Dupriez (P.).
Durand (André).
de Dusmet de Smours
          (Victoria).
Dutailly (Marguerite).
Engle (Jean).
Estrade (Emile).
Fabre (Jean).
de Faget (Suzanne-
          Charlotte).
Fallas (Raoul).
Faussette (B.).
Fellner (Georges).
Feuilleul (Amélie).
Filleron (Pierre).
Fillonneau (A.).
Filloux (Edouard).
Fleury (Marcel).
Fleury (P.).
Fobelets (P.).
Folkierski (Wladislaw).
Forget (Charles).
Foulounoux (Pierre).
Freulen (Fernand).
Gadel (André).
Gaillard (Alfred).
Gailledrat (Lucien).
Gateau (Julien).
Ganjour (Georges).
Gavigneaux (Yvonne).
Gaziniol (Antonin).
Geoffroy (Emile).
Georges (Joseph).
Gérault (Aurèle).
Gervais (M.).
Gilbert (Eugène).
Gillain (Mlle L.).
Gillet (Alfred).
Girard (Ferdinand).
Glur (Jules).
Godot (Jean).
Goetloal (Jacques).
Gontran (Louis-Paul).
Gorlier (Jean).
Goutès (Emile).
Grall (Yves).
Guérin (Georges).
Guers (Alfred).
Guiberteau (Maurice).
Guilloteau (Maxime).
Guiser (Charles).
Hardy (André).
Hénault (Roland).
Henriot (Georges).
Herrenschmidt (Roger).
Hervé (Hippolyte).
Himstler (H.).
Houssiaux (Gérard).
Houssiaux (Pierre).
Hovelacque (Amédée).
Hambert (Henri).
Hass (André).
Hayet (Jean).

Igou (Odilon).
Jacob (Emile).
Jacrewski (Georges).
Jallet (Aline).
Jarrize-Lemas (Marcel).
Joly (René).
Jouffroy fils (Edouard).
Kempf (Pierre).
Kersten (Mlle P.).
Krisum (Annette).
Krisum (Esther).
Kruger (Th.).
Lacroix (Achille).
Lafontan (Albertine).
Lagriffoul (Henriette).
Lalouette.
Landy (Marguerite).
Lantenois (Constant).
Laprade (Henri).
Larchet (Benjamin).
Lebrun (Georges).
Léchauguette (Albert).
Lécluse (Eugène).
Lecoq (Georges).
Lécot (Pierre).
Lefebvre (Raymond).
Lefèvre (André).
Lefèvre (Marius).
Lefièvre (Madeleine).
Legay (Lucie).
Lejeune (Georges).
Lens (Marie-Louise).
Léonard (Miss H.).
Lévy (Andrée).
Lévy (Lucienne).
Lévy (Paul).
Lévy-Morelle (Marie-Rose).
L'Hôste (Fernand).
Maire (Jeanne).
Malâtre (Jean).
Marcueyz (Mlle J.).
Marin-Dubuard (E.).
Marion (Charles).
Martin (Jean).
Martin (Mlle A.).
Martin (A.).
Martineau (Raoul).
Mathieu (Gaston).
Maugras (Guy).
Mercier (André).
Merlin (Marie-Louise).
Meslin (Georges).
Metayer (Marguerite).
Meunier (Marcel).
Meynieu (Marcelle).
Michy (Annette).
Miesch (Fernande).
Millet (Robert).
Million (Marguerite).
Molin (Anna).
Moug's (Henri).
Moreau (Fernand).
Morise (René).
Moulin (Henri).
Moussel (Roger).
Muller (R.).
Mussat (Pierre).
Neyrat.
Noachovitch (Georges).
Nugurs (Gustave).
d'Or (Louis).

Ortegat (L.).
Oudin (Renée).
Pacquet (Adolphe).
Paramelle (Marcelle).
Paré (René).
Pâtureau (Henri).
de Pélichy (Yvonne).
Pequin (Paul).
Peragallo (François).
Phalempin (Eugène).
Phalempin (Paul).
Piombo (Giuseppe).
Poccard (Jean).
Polvèche (Charles).
Portier (A.).
Protat (Lucie).
Quénisset (Jules).
Quint (Mlle).
Ravoi (Georges).
Raymond (Jules).
Rechain (Marius).
Riou (Jacques).
Robert (Fernand).
Rodolphe (L.).
Roger de Carvalho (Henri)
Rotté (Maurice).
Rousseau (Marcel).
Rouzé (Suzanne).
Roy (André).
Rupé (Angèle).
Rupé (Jules).
Saget (Arthur).
Saint-Aubin (Jules).
Salomon (André et Marie).
Schueckenburger (Suzanne)
Secrétant (Maurice).
Serres (Paul).
Sivan (Mlle J.).
Souliès (Charles).
Tailhade (Raymond).
Taranne (Fernand).
Ternisien (Edmée).
Thiébaud (Marcelle).
Tournier (Ivan).
Toussaint (Louis).
Tranier (Ivan).
Tresch (Henri).
Triollet (Renée).
Troussu (Pierre).
Vacher (Sarah).
Vallée (Geneviève).
Van Bever (Firmin).
de Varine (Jacques).
Vasseur (Emile).
Vasseur (Paul).
Vidau (Renée).
Vieillard (Joseph).
Viger (Robert).
Vignaux (D.).
Vinot-Préfontaine
         (Jacques).
Vinson (Paul).
Virginio (Emiliani).
Vivier (Gilbert).
Vogt (Raoul).
Vuillemin (Yvonne).
Waterheyn (Charles).
Waterheyn (Georges).
Waterheyn (Lucie).
Van Weede (Isabelle).
Williot (Louis).

Les Mentions simples recevront la carte illustrée du *Petit Français*, plus une carte artistique.

9ᵉ CONCOURS DE COLORIAGE

du " Petit Français Illustré "

OUVERT INDISTINCTEMENT A TOUS NOS ABONNÉS ET LECTEURS

Les Mésaventures d'un Pêcheur à la ligne

Nos lecteurs ayant fort goûté notre dernier concours de coloriage auquel ils ont pris part en grand nombre, nous avons cherché à donner un pendant au *Supplice de la Roue,* si bien interprété.

Nous sommes persuadés que nous recevrons cette fois-ci un nombre de compositions plus grand encore qu'au précédent concours du même genre, d'autant plus que l'épreuve offre moins de difficultés; nous aurons nous-mêmes plus de difficulté pour le classement, devant l'affluence certaine des concurrents que nous prévoyons, mais nous en prenons notre parti, puisqu'il s'agit d'augmenter l'intérêt d'un de nos numéros.

Nous recevrons jusqu'au 15 octobre prochain les envois se rapportant au concours : *Les Mésaventures d'un Pêcheur à la ligne.*

Ces envois devront porter très lisiblement les nom et adresse de l'envoyeur *en haut* de la page qu'il s'agit de colorier sobrement et dans le ton qui convient le mieux au dessin en noir de la page 3 de ce supplément.

TROIS PRIX

seront offerts aux trois meilleures compositions d'ensemble
du concours de coloriage.

1ᵉʳ PRIX :

Un assortiment choisi et complet de conserves "AMIEUX-FRÈRES"

Valeur : **18** francs.

2ᵉ PRIX :

Un assortiment choisi de conserves "AMIEUX-FRÈRES"

Valeur : **14** francs.

3ᵉ PRIX :

Un assortiment des différentes conserves "AMIEUX-FRÈRES"

Valeur : **10** francs.

Nous recommandons à nos abonnés, ainsi qu'à nos lecteurs et lectrices, de faire part autour d'eux, dans les familles amies, du Concours de Coloriage organisé par *le Petit Français illustré*. Chaque enfant sera enchanté d'être mis à même de prendre part à ce concours.

LIBRAIRIE ARMAND COLIN, rue de Mézières, 5, Paris.

BIBLIOTHÈQUE DE ROMANS POUR LES JEUNES FILLES

Les Mésaventures d'un Pêcheur à la ligne

Monsieur A. Stico partant pour taquiner le goujon pense avec juste raison que si la pêche est un sport agréable, il est des plus utile de se munir d'un repas substantiel.

Et après s'être assuré que la boite de sardines qu'il a achetée est munie de la petite fourchette et porte bien la célèbre devise " TOUJOURS A MIEUX ", il s'en va tout joyeux.

Mais deux malicieux gamins ont suivi ses mouvements. M. A. Stico, fatigué par la chaleur du soleil et aussi par la longue attente du goujon récalcitrant,

s'endort... et nos garnements en profitent pour s'emparer de la boîte de sardines et se régaler de son délicieux contenu.

Ils poussent même la plaisanterie jusqu'à suspendre à la ligne la fourchette devenue inutile et lorsque, soudainement réveillé, M. A. Stico relève sa ligne, le malheureux s'aperçoit du larcin dont il a été victime et, furieux, s'écrie : « Elle n'est pas toujours A MIEUX ! »

LIBRAIRIE ARMAND COLIN, rue de Mézières, 5, PARIS.

Le Petit Français illustré, *Quatorzième anné*

(1901), 1ᵉʳ semestre. Un volume contenant de nombreuses gravures, in-8
jésus, broché, **3 fr.**; Relié toile, tranches dorées. . . . . **5 fr**

EN OCÉANIE

C'est à travers l'Océanie que nous entreprenons d'emmener nos jeunes
lecteurs, et nous ne pouvions choisir pour ce petit voyage une meilleure époque
que celle des vacances. Nous espérons qu'ils ne se laisseront pas intimider dès
le début par le farouche aspect des guerriers des îles Marquises, la vue de ces
jeunes filles jonglant gracieusement avec des oranges suffirait, du reste à les
rassurer, et ils admireront tout à leur aise l'habileté des potiers de Réwa,
l'élégance des femmes maories et la façon toute particulière dont on s'y prend
aux Nouvelles-Hébrides pour grimper aux cocotiers.

GUERRIERS DES ILES MARQUISES

AUX ILES TONGA
JEUNES FILLES JONGLANT AVEC DES ORANGES

POTERIES DE RÉWA

FEMME MAORIE EN COSTUME DE FÊTE

FOUTOUNIOU GRIMPANT A UN COCOTIER

EN OCÉANIE

Gravures extraites des « Missions Catholiques françaises au XIXᵉ siècle ».

LIBRAIRIE ARMAND COLIN, rue de Mézières, 5, PARIS.

Le Petit Français illustré, — Série en couleur

— *Douzième année* (1900) et *Treizième année* (1901), deux semestres par an. Chaque semestre contenant de nombreuses gravures, in-8° jésus, broché. . . . . **3 fr.**

Relié toile, tranches dorées, **5 fr.**

— *Quatorzième année* (1902). Premier Semestre. Un volume in-8° jésus, broché. . . . . **3 fr.**

Relié toile, tranches dorées. **5 fr.**

POUR IMPRIMER SOI-MÊME

Découper les 4 rectangles ; les coller sur une feuille de bristol assez forte ; laisser sécher.

Enlever délicatement, à l'aide de légers ciseaux, les lignes noires et assez larges du dessin aux cuisiniers. Enlever également, sur les 3 autres rectangles, les surfaces teintées.

Alors, avec ces quatre cartons, nous allons faire une merveille.

Nous placerons sur une belle feuille de papier blanc le premier rectangle de carton bristol sur lequel est écrit le mot *jaune;* et, avec un crayon pastel *jaune,* nous crayonnerons dans les espaces libres. Nous tournerons avec un crayon autour du rectangle pour en indiquer le contour.

Exactement sur la surface limitée par ce contour, nous placerons le rectangle de carton sur lequel est écrit le mot *bleu;* et nous crayonnerons de même à l'aide d'un crayon pastel *bleu pâle,* en évitant toutefois de passer ce bleu sur les 8 petits ronds jaunes déjà crayonnés en haut et à gauche.

Faire de même avec le carton portant le mot *rose,* avec du crayon pastel *rose* bien entendu.

Ensuite, pour terminer cette œuvre magnifique, nous prendrons le carton sur lequel sont découpés les cuisiniers, et, à l'aide d'un crayon noir ou d'un morceau de fusain finement taillé, nous crayonnerons aux endroits enlevés.

Et nous avons alors un splendide tableau que nous pourrons reproduire à l'infini, grâce à un rectangle de carton.

M.

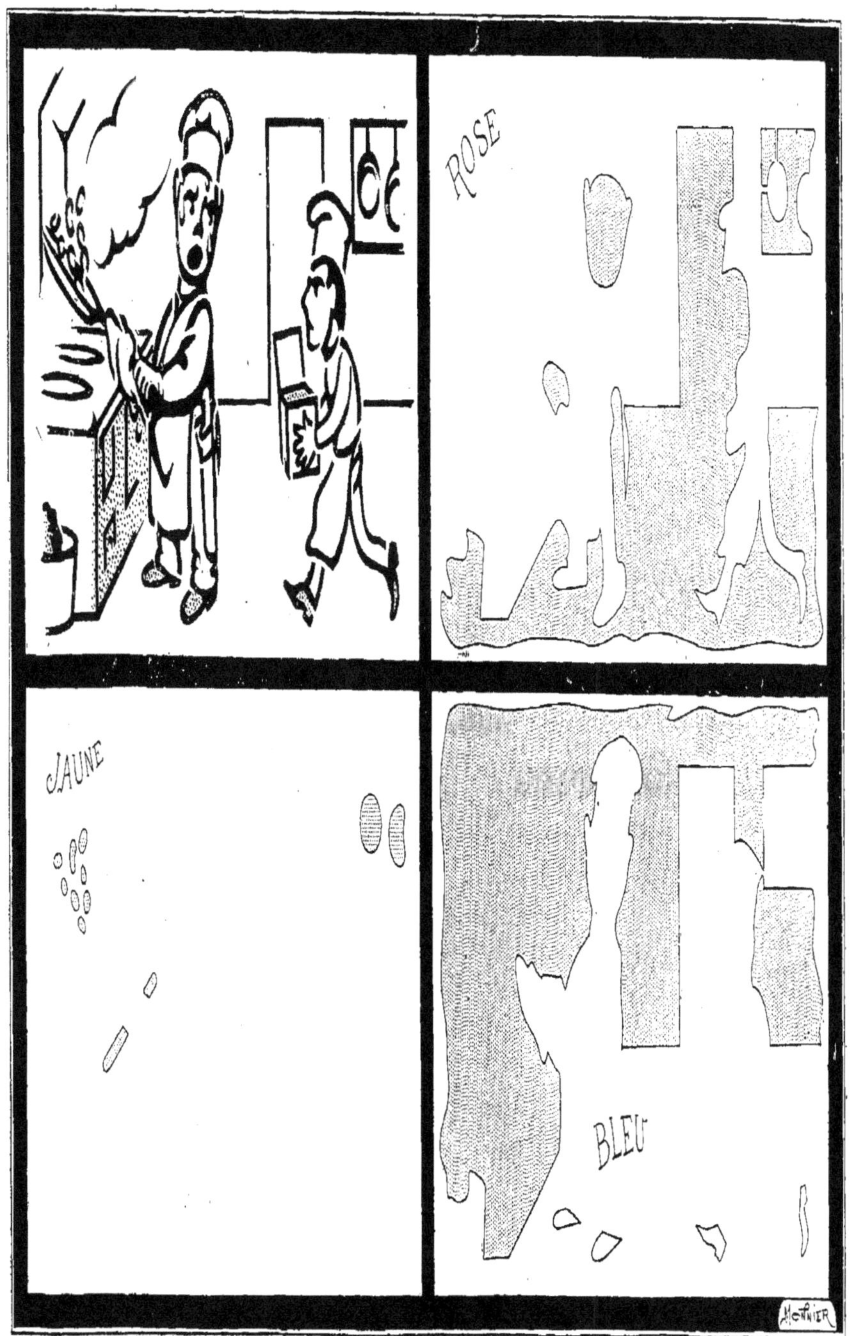

POUR IMPRIMER SOI-MÊME.

NOTRE PROCHAIN ROMAN

Nous commencerons, dans notre numéro du 13 septembre, la publication de l'œuvre la plus amusante qui soit, signée d'un nom illustre entre tous. Ne cherchez pas. Il s'agit tout simplement du GARGANTUA, de Rabelais. L'œuvre de Rabelais ! tout le monde en a entendu parler, fort peu, en somme, pour différentes raisons, l'ont lue. Et d'abord le texte en vieux français offre à la plupart des lecteurs un obstacle insurmontable. Les autres sont assez vite rebutés, et par l'absence de composition et par les obscurités voulues ou involontaires dans l'expression de la pensée.

A plus forte raison, pour ces causes — et pour d'autres encore — l'œuvre de Rabelais n'est-elle pas connue des enfants. Et cependant, ils ont chance d'entendre dire proverbialement : *C'est un Gargantua !* ou bien : *Ce sont des moutons de Panurge !* ou encore : *Ce fut un repas pantagruélique !* etc. C'est pourquoi notre collaborateur, M. Guéchot, a extrait, à leur intention, de l'œuvre du vieux maître, tout ce qui pouvait les intéresser. Il en a fait un CONTE, dont le fond appartient au moyen âge, mais dont la forme est toute moderne :

L'histoire du bon géant Gargantua.

Et, pour que rien ne manque au régal que nous offrons à notre jeune public, les dessins qui accompagneront le texte sont signés de l'éminent artiste qui est aussi l'excellent ami des enfants : ROBIDA.

NOS CONCOURS

Le 8e concours : *« Comment comptez-vous passer vos vacances ? »* a été clos le 31 juillet, et nous avons procédé à la lecture et au classement des nombreuses compositions qui nous ont été adressées. Ce travail est en bonne voie, et nous espérons pouvoir donner les résultats du concours, sinon dans le prochain supplément, du moins dans celui qui le suivra.

ECHANGE DE CARTES POSTALES ILLUSTRÉES

Nous avons maintenant une rubrique spéciale consacrée aux échanges de cartes postales illustrées. Nos petits abonnés et lecteurs et nos jeunes lectrices bénéficient seuls de la faculté de correspondre ici entre eux pour leurs échanges.

Nous recevons le texte des annonces qui doit être accompagné du montant, à raison de 10 centimes par mot et par insertion, pour les frais de *composition* de l'annonce.

CARTES POSTALES. — M. Jean Toutain, à Contevillo (Eure), France, désire échanger cartes postales illustrées avec tous pays (sauf Rouen).

M. Jean Lataste, 9, rue Huguerie, Bordeaux, échangerait cartes postales avec tous pays.

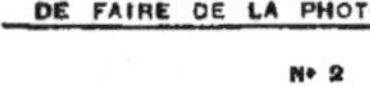

LIBRAIRIE ARMAND COLIN, rue de Mézières, 5, PARIS.

La Natation, par G. DE SAINT-CLAIR. Un volume in-18 jésus, avec gravures, cartonnage souple (*Petite Bibliothèque Athlétique publiée sous la direction de G. DE SAINT-CLAIR*) . . . . 1 fr. 75

TABLE DES MATIÈRES

AVANT-PROPOS. — CHAPITRE PREMIER : Historique. — CHAPITRE II : Comment on apprend à nager. Dans l'eau. — CHAPITRE III : Comment on apprend à nager. Mouvements à sec. — CHAPITRE IV : Des différentes manières de nager. La brasse. La planche. Sur le dos. La coupe. Nager en chien. — CHAPITRE V : Nager pour s'amuser. Sur le côté. A l'Indienne. Nager debout. Nager tout habillé, les yeux ouverts. La planche en crucifix. La planche en momie. Nager en triton. Un bras hors de l'eau, etc. — CHAPITRE VI : Du plongeon et de la natation sous l'eau. — CHAPITRE VII : Courses et entraînement. — CHAPITRE VIII : Des dangers. Des herbes. De la crampe. Des vagues. Du ressac. Des courants. — CHAPITRE IX : Instructions pour venir en aide aux personnes qui se noient. Secours aux noyés. — CHAPITRE X : Conseils. — CHAPITRE XI : Water-Polo.

La Famille Fenouillard, par CHRISTOPHE. Un album in-4° cavalier, oblong, 80 planches *en couleur*, relié toile, fers spéciaux, tranches jaspées . . . . 10 fr.

Le même, in-18 jésus, broché. . . . . 2 francs.

Cartes TOM TIT

Nous sommes heureux de pouvoir reproduire quelques-unes des jolies cartes illustrées, que vient de lancer la maison Albert Bergeret et Cie, de Nancy, et qui reproduisent les principales expériences de notre collaborateur Tom Tit. Et nous saisissons cette occasion pour annoncer à tous les lecteurs du *Petit Français illustré*, que la librairie Armand Colin prépare, en ce moment même, un ouvrage consacré tout entier à des expériences de science amusante, et dans lequel chaque tour sera illustré d'un joli dessin d'Henriquez.

Cartes artistiques TOM TIT

L'ŒUF DE CHRISTOPHE COLOMB

Voici un œuf qui se tient debout sur sa pointe, même si nous le posons sur le bord du goulot de la bouteille. L'équilibre est obtenu en posant sur cet œuf un bouchon sur lequel sont enfoncées obliquement deux fourchettes destinées à abaisser le centre de gravité.

DANSE DES BULLES DE SAVON

Les bulles de savon restent longtemps sans se crever, si vous les déposez sur une table recouverte d'une étoffe de laine. Vous les ferez danser en les attirant avec une carte postale chauffée devant le feu, puis frottée avec une brosse à habits, ce qui électrise le papier rapidement.

DESSOUS DE PLAT IMPROVISÉ

Passez dans un rond de serviette les queues de 3 fourchettes, disposées en trépied ; posez une assiette sur les dents des fourchettes, et vous aurez créé un charmant dessous de plat, pouvant supporter la plus lourde soupière.

ABREUVOIR POUR VOLAILLES

Renversez, au dessus d'un plat, une bouteille pleine d'eau, en posant le bord du goulot sur un petit caillou ; vous fournirez ainsi à vos volailles de l'eau toujours propre, qui restera toujours dans le plat au même niveau, sans jamais déborder. Avec un petit flacon vous ferez ainsi une buvette pour vos oiseaux en cage.

NOTRE PROCHAIN ROMAN

Nous commencerons, dans notre numéro du 13 septembre, la publication de l'œuvre la plus amusante qui soit, signée d'un nom illustre entre tous. Ne cherchez pas. Il s'agit tout simplement du GARGANTUA, de Rabelais. L'œuvre de Rabelais ! tout le monde en a entendu parler, fort peu, en somme, pour différentes raisons, l'ont lue. Et d'abord le texte en vieux français offre à la plupart des lecteurs un obstacle insurmontable. Les autres sont assez vite rebutés, et par l'absence de composition et par les obscurités voulues ou involontaires dans l'expression de la pensée.

A plus forte raison, pour ces causes — et pour d'autres encore — l'œuvre de Rabelais n'est-elle pas connue des enfants. Et cependant, ils ont chance d'entendre dire proverbialement : *C'est un Gargantua !* ou bien : *Ce sont des moutons de Panurge !* ou encore : *Ce fut un repas pantagruélique !* etc. C'est pourquoi notre collaborateur, M. Guéchot, a extrait, à leur intention, de l'œuvre du vieux maître, tout ce qui pouvait les intéresser. Il en a fait un CONTE, dont le fond appartient au moyen âge, mais dont la forme est toute moderne :

L'histoire du bon géant Gargantua.

Et, pour que rien ne manque au régal que nous offrons à notre jeune public, les dessins qui accompagneront le texte sont signés de l'éminent artiste qui est aussi l'excellent ami des enfants : ROBIDA.

LIBRAIRIE ARMAND COLIN, rue de Mézières, 5, PARIS.

ALBUMS HUMORISTIQUES

La Famille Fenouillard, par CHRISTOPHE. Un album

in-4° cavalier, oblong, 80 planches *en couleur*, relié toile, fers spéciaux, tranches jaspées . . . . **10 fr.**

Le même, in-18 jésus, broché. . . . . . . 2 francs.

(Voir à la page 4 du présent supplément la gravure extraite de *La Famille Fenouillard.*)

Le Sapeur Camember, par CHRISTOPHE.
Un album in-4° cavalier, oblong, orné de planches en couleur, relié toile, fers spéciaux, tranches jaspées . . . . 10 fr.

L'Idée fixe du savant Cosinus,
par CHRISTOPHE. Un album in-4° cavalier, oblong, orné de planches en couleur, relié toile, fers spéciaux, tranches jaspées . . . . 10 fr.

100 timbres étrangers tous différents pour 1 fr. S'adresser au journal « le Timbrophile Poitevin » à Poitiers. Tout acheteur reçoit gratuitement le journal pendant un an.

POMMADE MOULIN
Guérit *Dartres, Boutons, Rougeurs, Démangeaisons, Eczéma,* **Acné.** — **Fait repousser les Cheveux et les Cils.** 2 f. 30 le Pot franco. Ph⁰ **Moulin,** 80, rue Louis-le-Grand, PARIS.

BATEAUX A VOILES
de 30 cent. à 1 m. de longueur

Demander chez **LELIÈVRE**
80, rue Montmartre, Paris
Le Catalogue adressé franco.

LIBRAIRIE ARMAND COLIN, *rue de Mézières 5, Paris.*

Lawn-Tennis, par *LET.*
Un volume in-18 jésus, cartonnage toile souple (*Petite Bibliothèque athlétique publiée sous la direction de G. DE SAINT-CLAIR*) . . . . **1 fr. 50**

Les Missions Catholiques Françaises

au XIXᵉ siècle, publiées sous la direction du Père J.-B. PIOLET, S. J., avec la collaboration de toutes les Sociétés de Missions. Illustrations d'après des documents originaux.

TOME IV : **Océanie et Madagascar.** Un volume in-8°, grand jésus, de 512 pages, imprimé par Lahure sur papier couché, avec 236 gravures dans le texte et 20 grandes planches, broché. *Prix net.* . . . . **12** fr.

Avec demi-reliure, tête dorée. *Prix net.* . . . . **18** fr.

(Les gravures des pages 2 et 3 du présent supplément sont extraites du tome IV des *Missions Catholiques françaises au* XIXᵉ *siècle.*)

TYPES OCÉANIENS

AUX ILES TONGA. — UNE AIEULE ET SA PETITE-FILLE

UNE ÉCOLE A INAWI

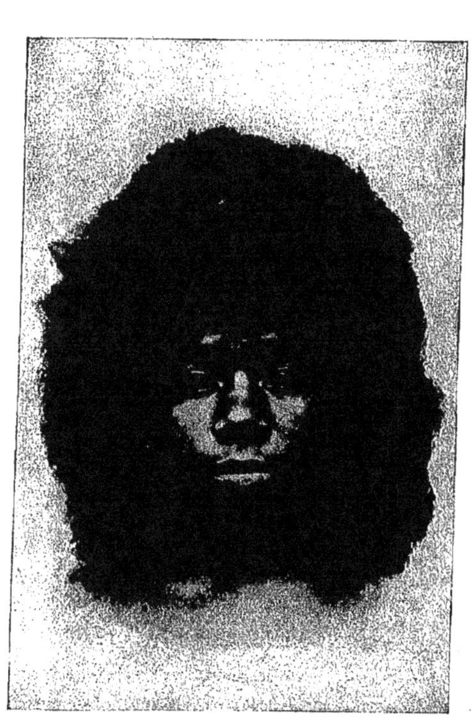

FEMME CANAQUE

UN CHEF CANAQUE

TYPES OCÉANIENS
Gravures extraites des *Missions Catholiques au XIXᵉ siècle.*

LA FAMILLE FENOUILLARD

Pour avoir toujours ses « sujets » sous la main, le docteur Guy Mauve s'est établi à Saint-Rémy-sur-Doule, où il compte sur une clientèle illusoire pour faire une fortune problématique.

Ces demoiselles ont épousé le même jour et en grande pompe, au milieu d'un grand concours de peuple, les neveux du docteur, ce qui réjouit et fait triompher l'astucieux Guy Mauve.

Quant à M. Fenouillard, comblé d'honneurs, il fut nommé président de la Société de géographie et du Club alpin San-Rémois. Aussi a-t-il acheté un équipement complet.

Ensuite, il fut nommé président de l'Athénée Somnifère, ce qui lui procura l'occasion de prononcer quelques-uns de ces magnifiques discours dont il a le secret.

Puis, chef de la musique municipale, fonction dans laquelle il affirme de plus en plus sa spécialité, qui est l'exécution des soupirs et des points d'orgue.

Ensuite, l'U. V. S. R. le choisit pour son président, probablement parce que la bicyclette est le seul véhicule dont il ne se soit jamais servi dans ses longs voyages.

Puis, sur la proposition de l'astucieux Guy Mauve, il fut nommé capitaine des pompiers, lui qui n'a jamais pu voir un incendie sans se trouver mal. Les grands hommes ont de ces faiblesses.

Puis, enfin, il devint maire de sa commune. (Tiens! je me suis trompé: c'est Mme Fenouillard que j'ai représentée avec l'écharpe. Cette erreur étant profondément philosophique, je la laisse subsister.)

PAGE EXTRAITE DE **La Famille Fenouillard,** par CHRISTOPHE.

Pensant être agréables à nos lecteurs, nous consacrerons de temps à autre la 4ᵉ page de ce supplément à la reproduction d'une page prise au hasard dans ces Albums humoristiques qui ont conquis une véritable célébrité, et qui s'appellent: *La Famille Fenouillard, L'idée fixe du Savant Cosinus, Les facéties du Sapeur Camembert.*

Cette page peut être aquarellée d'après l'édition in-4° cavalier entièrement coloriée.

Résultats du 8ᵉ Concours

Le 8ᵉ Concours, qui consistait en une composition écrite sur ce sujet : « Comment comptez-vous passer vos vacances ? » était réservé à nos seuls abonnés. Nous regrettons d'avoir été obligés d'éliminer un certain nombre d'envois, dont les auteurs ne se trouvaient pas dans les conditions voulues. Ces derniers s'en consoleront en prenant part au concours de coloriage ouvert dernièrement entre tous les lecteurs du *Petit Français illustré*.

PREMIERS PRIX

Un volume à choisir dans la collection in-8° illustrée ci-dessous.

Beaumaris (Hippolyte). — Bellet (Henri). — Cadilhac de Madières (Gabrielle). — Cleuziou (Francine).

Collection in-8° illustrée : **Une famille parisienne à Madagascar**, par A. Badin, illustrations de A. Lalauze. — **Ennemis d'enfance**, par David-Sauvageot, illustrations de Mas. — **Contes du pays d'Armor**, par Marie Delorme, illustrations de Bourgain, Robida, etc. — **Petites histoires pour apprendre la vie**, par Pierre Laloi, illustrations de Mas, Deroy, Ferdinandus, etc. — **Le Capitaine Bellormeau**, par A. Robida. — **Les Aventures du Chevalier Carême**, par Guéchot, illustrations de Henri Pille. — Chacun de ces volumes, relié toile, tranches dorées, est d'une valeur de 6 francs.

DEUXIÈMES PRIX

Un volume à choisir dans la collection du Petit Français illustré.

Coste (Germaine). Despommiers (Germaine). — Ragon (Mˡˡᵉ P.). Roustan (Jeanne). Saint-Aubin (Jules). — Tissier (Thérèse). Vincent (Pierre).

(*Voir la suite du Résultat du 8ᵉ Concours à la page 2 de ce supplément.*)

ECHANGE DE CARTES POSTALES ILLUSTRÉES

Nous avons maintenant une rubrique spéciale consacrée aux échanges de cartes postales illustrées. Nos petits abonnés et lecteurs et nos jeunes lectrices bénéficient seuls de la faculté de correspondre ici entre eux pour leurs échanges.

Nous recevons le texte des annonces qui doit être accompagné du montant, à raison de 10 centimes par mot et par insertion, pour les frais de *composition* de l'annonce.

CARTES POSTALES. — M. René Préaubert, 27, rue du Calvaire, Nantes (Loire-Inférieure), désire échanger cartes postales.

NOTRE PROCHAIN ROMAN

Nous commencerons, dans notre numéro du 13 septembre, la publication de l'œuvre la plus amusante qui soit, signée d'un nom illustre entre tous. Ne cherchez pas. Il s'agit tout simplement du GARGANTUA, de Rabelais. L'œuvre de Rabelais ! tout le monde en a entendu parler, fort peu, en somme, pour différentes raisons, l'ont lue. Et d'abord le texte en vieux français offre à la plupart des lecteurs un obstacle insurmontable. Les autres sont assez vite rebutés, et par l'absence de composition et par les obscurités voulues ou involontaires dans l'expression de la pensée.

A plus forte raison, pour ces causes — et pour d'autres encore — l'œuvre de Rabelais n'est-elle pas connue des enfants. Et cependant, ils ont chance d'entendre dire proverbialement : *C'est un Gargantua !* ou bien : *Ce sont des moutons de Panurge !* ou encore : *Ce fut un repas pantagruélique !* etc. C'est pourquoi notre collaborateur, M. Guéchot, a extrait, à leur intention, de l'œuvre du vieux maître, tout ce qui pouvait les intéresser. Il en a fait un CONTE, dont le fond appartient au moyen âge, mais dont la forme est toute moderne :

L'histoire du bon géant Gargantua.

Et, pour que rien ne manque au régal que nous offrons à notre jeune public, les dessins qui accompagneront le texte sont signés de l'éminent artiste qui est aussi l'excellent ami des enfants : ROBIDA.

Supplément au **Petit Français illustré**, N° 145 du 6 Septembre 1902.

LIBRAIRIE ARMAND COLIN, Rue de Mézières, 5, PARIS.

Les Missions Catholiques Françaises

au XIXe siècle, publiées sous la direction du Père J.-B. PIOLET, S. J., avec la collaboration de toutes les Sociétés de Missions. Illustrations d'après des documents originaux.

TOME IV : **Océanie et Madagascar.** Un volume in-8°, grand jésus, de 512 pages, imprimé par Lahure sur papier couché, avec 236 gravures dans le texte et 20 grandes planches, broché. ***Prix net.*** . . . . **12 fr.**

Avec demi-reliure, tête dorée. ***Prix net.*** . . . . **18** fr.

(Les gravures des pages 2 et 3 du présent supplément sont extraites du tome IV des *Missions Catholiques françaises au* XIXe *siècle.*)

TYPES OCÉANIENS

AUX ILES TONGA. — UNE AIEULE ET SA PETITE-FILLE

UNE ÉCOLE A INAWI

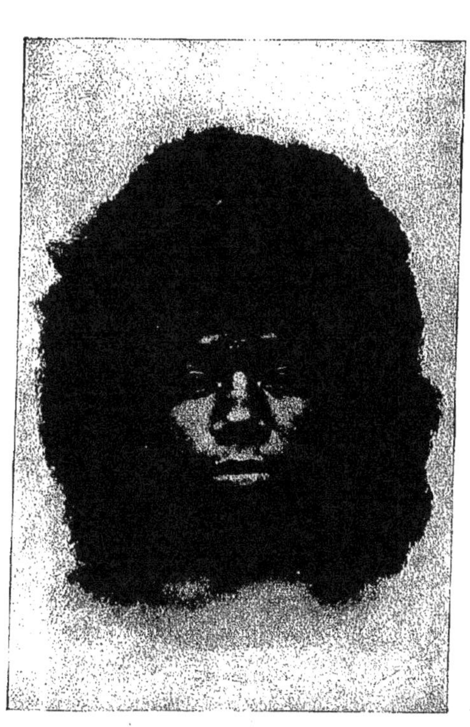

FEMME CANAQUE

UN CHEF CANAQUE

TYPES OCÉANIENS
Gravures extraites des *Missions Catholiques au XIXᵉ siècle.*

LA FAMILLE FENOUILLARD

Pour avoir toujours ses « sujets » sous la main, le docteur Guy Mauve s'est établi à Saint-Rémy-sur-Deule, où il compte sur une clientèle illusoire pour faire une fortune problématique.

Ces demoiselles ont épousé le même jour et en grande pompe, au milieu d'un grand concours de peuple, les neveux du docteur, ce qui réjouit et fait triompher l'astucieux Guy Mauve.

Quant à M. Fenouillard, comblé d'honneurs, il fut nommé président de la Société de géographie et du Club alpin San-Rémois. Aussi a-t-il acheté un équipement complet.

Ensuite, il fut nommé président de l'Athénée Somnifère, ce qui lui procura l'occasion de prononcer quelques-uns de ces magnifiques discours dont il a le secret.

Puis, chef de la musique municipale, fonction dans laquelle il affirme de plus en plus sa spécialité, qui est l'exécution des soupirs et des points d'orgue.

Ensuite, l'U. V. S. R. le choisit pour son président, probablement parce que la bicyclette est le seul véhicule dont il ne se soit jamais servi dans ses longs voyages.

Puis, sur la proposition de l'astucieux Guy Mauve, il fut nommé capitaine des pompiers, lui qui n'a jamais pu voir un incendie sans se trouver mal. Les grands hommes ont de ces faiblesses.

Puis, enfin, il devint maire de sa commune. (Tiens! je me suis trompé: c'est Mme Fenouillard que j'ai représentée avec l'écharpe. Cette erreur étant profondément philosophique, je la laisse subsister.)

PAGE EXTRAITE DE **La Famille Fenouillard,** par CHRISTOPHE.

Pensant être agréables à nos lecteurs, nous consacrerons de temps à autre la 4e page de ce supplément à la reproduction d'une page prise au hasard dans ces Albums humoristiques qui ont conquis une véritable célébrité, et qui s'appellent: *La Famille Fenouillard, L'idée fixe du Savant Cosinus, Les facéties du Sapeur Camembert.*

Cette page peut être aquarellée d'après l'édition in-4° cavalier entièrement coloriée.

Résultats du 8ᵉ Concours

Le 8ᵉ Concours, qui consistait en une composition écrite sur ce sujet : « Comment comptez-vous passer vos vacances ? » était réservé à nos seuls abonnés. Nous regrettons d'avoir été obligés d'éliminer un certain nombre d'envois, dont les auteurs ne se trouvaient pas dans les conditions voulues. Ces derniers s'en consoleront en prenant part au concours de coloriage ouvert dernièrement entre tous les lecteurs du *Petit Français illustré*.

PREMIERS PRIX

Un volume à choisir dans la collection in-8° illustrée ci-dessous.

Beaumaris (Hippolyte). — Bellet (Henri). — Cadilhac de Madières (Gabrielle). — Cleuziou (Francine).

Collection in-8° illustrée : **Une famille parisienne à Madagascar**, par A. Badin, illustrations de A. Lalauze. — **Ennemis d'enfance**, par David-Sauvageot, illustrations de Mas. — **Contes du pays d'Armor**, par Marie Delorme, illustrations de Bourgain, Robida, etc. — **Petites histoires pour apprendre la vie**, par Pierre Laloi, illustrations de Mas, Deroy, Ferdinandus, etc. — **Le Capitaine Bellormeau**, par A. Robida. — **Les Aventures du Chevalier Carême**, par Guéchot, illustrations de Henri Pille. — Chacun de ces volumes, relié toile, tranches dorées, est d'une valeur de 6 francs.

DEUXIÈMES PRIX

Un volume à choisir dans la collection du Petit Français illustré.

Coste (Germaine).	Ragon (Mˡˡᵉ P.).	Tissier (Thérèse).
Despommiers (Germaine).	Roustan (Jeanne).	Vincent (Pierre).
	Saint-Aubin (Jules).	

(*Voir la suite du Résultat du 8ᵉ Concours à la page 2 de ce supplément.*)

ECHANGE DE CARTES POSTALES ILLUSTRÉES

Nous avons maintenant une rubrique spéciale consacrée aux échanges de cartes postales illustrées. Nos petits abonnés et lecteurs et nos jeunes lectrices bénéficient seuls de la faculté de correspondre ici entre eux pour leurs échanges.

Nous recevons le texte des annonces qui doit être accompagné du montant, à raison de 10 centimes par mot et par insertion, pour les frais de *composition* de l'annonce.

CARTES POSTALES. — M. René Préaubert, 27, rue du Calvaire, Nantes (Loire-Inférieure), désire échanger cartes postales.

Résultat du 8e Concours (Suite)

MENTIONS HONORABLES

Aznavour (Vincent).
Antérion (Lucile).
de Beaufort (Mlle).
Beaumelou (Antoinette).
Beaumelou (Valentine).
Béaumont (René).
Bellet (Amélie).
Boigey (Paul).
Braun (Marie).
Brigaud (Adèle).
Bruyère-Beauvisage (Mlles).
Burel (Madeleine).
Carrory (Fernand).
Casale (Béatrice).
Chevreau (Maurice).
Clemot (Mlle).
Collinet (Pierre).
Compère (Georges).
Debray (Arthur).
Delaunay (Jean).
Delaunay (Marcel).
Demarquet (Cécile).
Dumay (Georges).
Dupire (Maxime).
Fabre (Jean).
Fachet (Paul).
Folkierski (Ladislas).
Forveille.
Garens (Gabrielle).
Gassiot (Georges).
Gautret (Blanche).
Guers (Alfred).
d'Herculais (J. H.).
Herrenschmidt (Roger).
Kempf (Pierre).
Laurens (L.).
Lehr (G.).
Le Senne (Marie).
Lhuillier (André).
Magniez (Roger).
Marcoux.
Maréchal.
Massenet (Andrée).
Mercier (André).
Meynieu (Marcelle).
Mongis (Henri).
Mony (L.).
Moulin (Henry).
Neidhart (Boris).
Paris (Anita).
Pinelli (Geneviève).
Piombo (Giuseppe).
Pommier (François).
Poupon (Victor).
Ravoi (Georges).
Réal (Berthe).
Roy (Jeanne).
Saunier (Germaine).
Schnéégans (Pierre).
Stéfanescu-Gogu (Olga).
Strobel (Mlles).
Tautain (Gustave).
Thiébaud (Marcelle).
Vincent (André).
de Weede (Isabelle).
Witorski (Henri).

Les Mentions honorables recevront notre **Souvenir scolaire.**

MENTIONS SIMPLES

Alberganti (Hermès).
Albouy.
Appert (C.).
Barbé (Émile).
Barbé (Robert).
Barbier (Maurice).
Baumann (Antoine).
Bernard (Armand).
Bernard (Rachel).
Bernard-Johel.
Berton (Louis).
Besnard (Edouard).
Brisset (Joseph).
Buquen (Maurice).
Burgaud (Jean).
Gagin (Emile).
Caillas (Alice).
Caillat (Maurice).
Carpentier (Henri).
Champy (Emma).
de Chazelles (Pierre).
Chenet (Marcel et Camille).
Choillot (G.).
Clech (Mlles).
Corbonnois (Victor).
Couillard (Paul).
Debras (Eugénie).
Degener (Germaine).
Desmond.
Dexant (Robert).
Douay (Aimée).
Ducret (Maurice).
de Dusmet de Smours (Vria)
Duval (Henri).
Foulounoux (Jean).
Gandouin (Gustave).
Gardiot (René).
Gaudon (Paul).
Georges (Joseph).
Giraud (Benjamin).
Gizoline (Jeanne).
Goré (Valérie).
Gorlier (Jean).
Gotthard von Bitsche.
Guillet (Marcel).
Jan (Francis).
Kerné (Nanette et Milo).
Kohn (Else).
Kruger (Th.).
Lafltte (Mlles).
Lagriffoul (Henriette).
Lecomte (Raoul).
Lefèvre (Anaïs).
Le Gars (Hervé).
Legrand (Albert).
Lejuif (Max).
Le Ribault (Eugénie).
Leroy (André).
Macé (Merceline).
Marion (Charles).
Martin (Louise).
Mayot (Gilbert).
Méert (Charles).
Meyer (Louis).
Moch (Jules).
Muller (Raymond).
Odent (Pierre).
Ozan (Louis).
Pancart (Georges).
Rebours (Gabrielle).
Roland (Marie).
Roma (don Antonio).
Rousseau (Marcel).
Ruat (Maurice).
Saretti (Paul).
Schwartz (Georges).
Sémont (Xavier).
Signé (Marie-Philomène).
Souvraye (Eugène).
Souvraye (Marcel).
Tailhade (Hélène).
Tailhade (Raymond).
Terral (Henri).
Thomas (Germaine).

Touchard (Pierre).

Les Mentions simples recevront la carte illustrée du **Petit Français.**

Vide-poche porte-photographie

Le vide-poche porte-photographie se compose de deux planches, dont nous publions la première ci-contre. La seconde sera donnée dans le prochain supplément, ainsi que l'explication des deux dessins. Nous prions donc nos jeunes lecteurs de mettre cette page de côté et d'attendre, pour en tirer parti, à la semaine qui vient.

Vide-poche porte-photographie

(PREMIÈRE PARTIE)

Vide-poche porte-photographie

DÉCOUPAGE ET COLORIAGE

Nous avons donné, dans notre dernier supplément, la première partie du vide-poche. Voici la seconde, en même temps que l'explication, qu'on lira avec les deux dessins sous les yeux.

Coller les dessins, sauf le cercle A, sur un carton assez fort, laisser sécher.

Découper ces dessins. Enlever la surface blanche centrale au milieu du dessin F.

Entailler à demi, à l'aide d'un canif, les lignes pointillées que l'on voit sur B, B et sur G, G (Il a une ligne pointillée verticale et une autre ligne pointillée horizontale venant l'une sur l'autre à angle droit). Rabattre à angle droit pour chacun de ces dessins B, B et G, G, les petites surfaces blanches supérieures en avant, et plier en deux (le dessin en dedans) et à angle droit chacun de ces dessins, suivant la ligne pointillée verticale. Coller la partie la plus longue de B contre la partie semblable de l'autre B, et ajuster et coller en avant de la pièce B, B, toujours à angle droit, les dessins G et G. Le tout donnera la base à quatre pieds de notre vide-poche.

Laisser sécher.

Découper le cercle A, et découper également un cercle de carton de même dimension. Enlever délicatement, à l'aide de ciseaux, le centre de ce dessin jusqu'au premier cercle après la tête, le pointillé et les ornements. On aura ainsi le cercle contenant la tête et une couronne formée avec le reste du dessin. Coller le cercle contenant la tête bien au centre du cercle de carton ci-dessus. Découper ensuite 7 ou 8 couronnes de carton de même dimension que la couronne du dessin, les coller l'une sur l'autre bien exactement d'abord, coller ensuite au-dessus de ces cartons la couronne du dessin, et coller le tout sur le cercle de carton où la tête se trouve déjà. Cela donnera une coupe peu profonde que l'on collera à son tour exactement au-dessus des quatre pieds déjà construits. On placera, toujours avec de la colle, les 8 petites perles du dessin de droite sur les 8 petits cercles dessinés autour de la coupe.

Les pièces E, E, D, doivent être collées derrière le grand dessin F, que l'on a déjà découpé au centre Ces pièces, à demi entaillées le long des lignes pointillées pour en faciliter le pliage, devront être pliées en trois, à angle droit, en suivant les lignes pointillées: la plus longue sera collée bien droite et bien horizontale au dos du dessin F et au-dessous de l'ouverture circulaire; les deux autres à droite et à gauche de la même ouverture, mais verticalement.

C'est la surface marquée d'un O qui devra, pour toutes trois, être collée au dos de F, et elles devront avoir leur ouverture dirigée vers la partie circulaire découpée. C'est dans ces pièces E, E, D, que sera placée comme dans trois pinces, la photographie quelconque que l'on glissera derrière F ; on verra le portrait dans l'ouverture circulaire.

Sur la face de F, coller les deux pierres H et celle I aux emplacements blancs de même forme.

Engager verticalement la pièce F, munie de ses pierres, sur la pièce B, B, déjà construite à l'endroit marqué O. Cette pièce B, B, pénètrera dans celle F, en s'engageant dans la longue entaille également marquée O sur le dessin F. Les petits dessins C, pliés à angle droit en suivant les lignes pointillées seront alors collés à droite et à gauche de la longue entaille, leur partie la plus large sur les deux emplacements de même forme dessinés sur la pièce F, et leur partie la moins large sur le morceau de carton blanc que l'on verra au dessus des ornements de la pièce B, B.

Ce joli petit objet fera un effet charmant sur une commode ou sur une cheminée, surtout si après le collage sur le carton et avant le montage, nos lectrices ont le soin de le colorier avec une belle teinte jaune et claire d'aquarelle. Les perles seront coloriées avec un bleu gris très pâle, la pierre la plus grosse en rouge et les deux autres de droite et de gauche en vert ou en bleu.

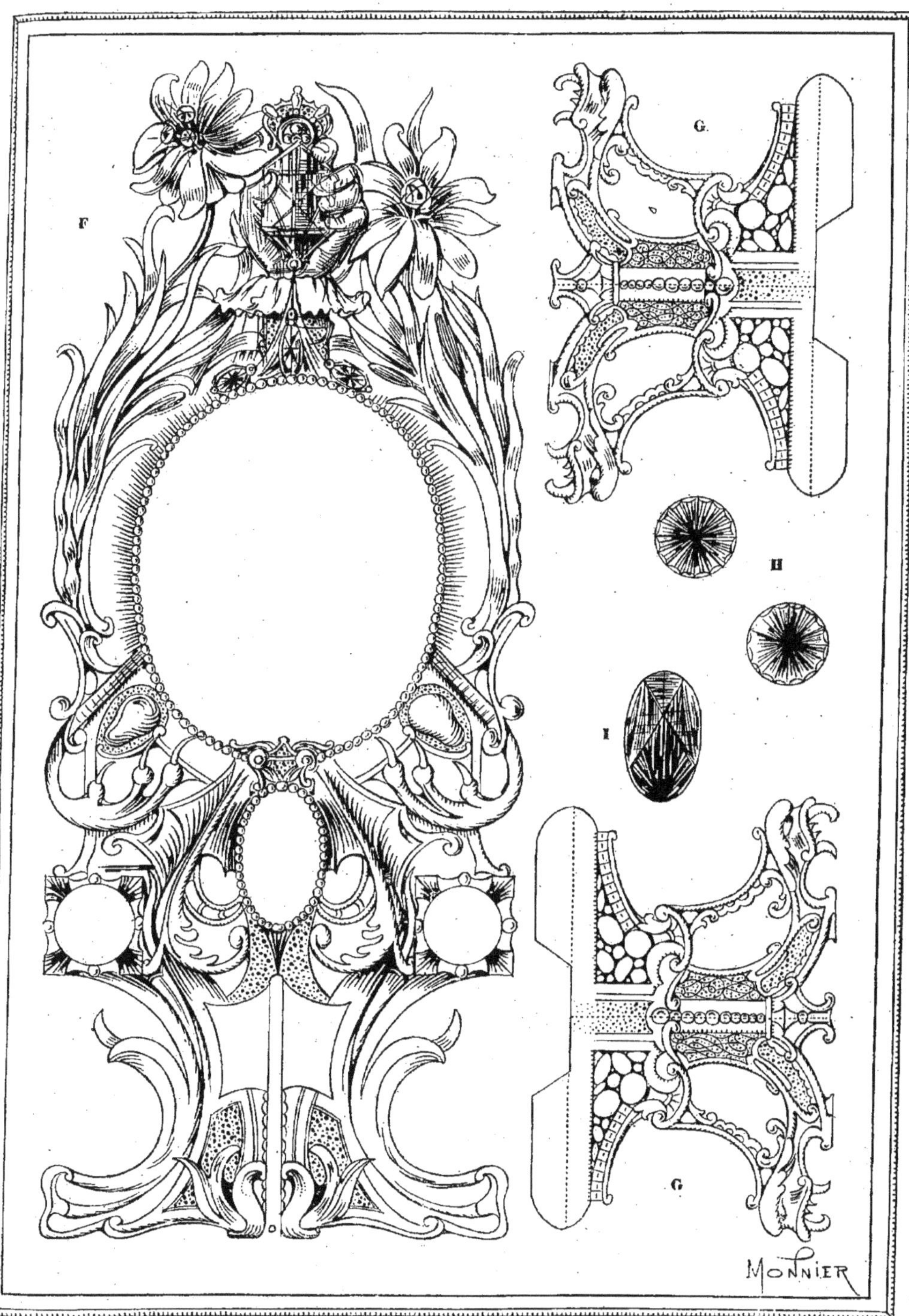

Vide-poche porte-photographie
(DEUXIÈME PARTIE)

NOS CONCOURS

Ainsi que nous l'avons annoncé, nous avons à cœur de reconnaître le zèle et la bonne volonté de tous ceux d'entre nos lecteurs et nos lectrices qui prennent part à nos concours. Dans cette intention, il sera attribué une petite récompense (un livre broché de la *Bibliothèque du Petit Français*) aux envois qui auront mérité des mentions dans cinq concours, consécutifs ou non, et cela à partir du 1er Janvier 1902. Dès qu'un de nos jeunes amis aura atteint ce chiffre de cinq mentions, il n'aura qu'à nous le faire savoir et à nous indiquer le volume qu'il veut recevoir.

Nous rappelons aussi à nos lecteurs que les problèmes, rébus, devinettes, mots carrés, etc., donnés chaque semaine à l'avant-dernière page du numéro, ne constituent pas des concours. Il est donc inutile de nous en envoyer la solution, que l'on trouvera toujours dans le numéro suivant.

Supplément au **Petit Français illustré**, *N° 148 du 27 Septembre* 1902.

LIBRAIRIE ARMAND COLIN, rue de Mézières, 5, PARIS

Vient de paraître :

Agenda de l'Enseignement pour l'année

scolaire 1902-1903. *Carnet de poche pour la préparation des classes, répondant à la circulaire ministérielle du 14 octobre 1881.* Un volume in-12, cartonnage toile pleine. . . . . **1 fr. 25**

Almanach de la Société des Agricul-

teurs de France, 1903. 13° ANNÉE. Un volume in-32 jésus, broché. . . . . **25 centimes,**

Envoi **franco** *d'un exemplaire contre* **35** *centimes en timbres-poste français.*

Dates des concours agricoles. — Conférence de Bruxelles. — Production et commerce des grains. — Cidreries coopératives. — Exportation des produits agricoles. — Associations coopératives pour les œufs en Danemark. — Aux colonies ; au Tonkin. — Établissements publics d'Enseignement agricole, etc., etc.

Armes des Villes de France (Planche X).

Paris : De gueules au navire d'argent aux voiles éployées sur une onde de même, au chef d'azur semé de fleurs de lis d'or. — Croix de la Légion d'honneur.

Auch : Parti au 1 de gueules, chargé d'un agneau pascal d'argent à la croix de même, supportant une bannière d'azur ; au 2, d'argent au lion armé et lampassé de gueules, brochant sur le tout.

Avignon : De gueules à trois clefs d'or posées au fasce.

Bourges : D'azur à trois moutons passants d'argent accornés de sable, accolés de gueules et clarinés d'or à la bordure engrelée de gueules.

Caen : Coupé d'azur et de gueules à 3 fleurs de lis d'or, 2 en chef, 1 en pointe.

Châlons sur-Marne : D'azur à la croix d'argent cantonnée de 4 fleurs de lis d'or.

Chambéry : De gueules à la croix d'argent à une étoile d'argent au canton dextre du chef.

Marseille : D'argent à une croix d'azur.

Alger : Ancien écu algérien en cœur, à bordure d'or surmonté d'une couronne murale de style mauresque.

Taillé d'azur et de sinople par une barre d'or chargée d'un lion, la patte droite antérieure posée sur un boulet, au dessous d'un écu de gueule à la croix d'argent brochant sur le tout ; au premier d'azur cantonné d'un bateau d'argent au dessus d'un croissant de même métal, au deuxième de sinople à la gerbe d'or.

Explication des termes de blason employés.

Gueules, rouge.	*Sable*, noir.
Azur, bleu.	*Clarinés*, avec une sonnette.
Chef, partie supérieure de l'écu.	*Accolés*, avec un collier au cou.
Fasce, bande horizontale traversant l'écu.	*Engrelée*, dentelée.
Parti, divisé.	*En chef*, en tête.
Armé et lampassé, les griffes apparentes et la langue tirée.	*En pointe*, au bas de l'écu.
Brochant sur le tout, couvrant tout l'écu ou la partie de l'écu s'il est divisé.	*Canton dextre*, en haut de l'écu, à droite (pour celui qui a l'écu devant lui, à gauche pour celui qui le regarde).
Passant, marchant.	*Sinople*, vert.

Armes des Villes de France. — (Planche X).

Auch.

Paris.

Avignon.

Bourges.

Caen.

Châlons-sur-Marne.

Chambéry.

Alger.

Marseille.

Voir ci-contre les *Conseils* pour le coloriage.

Supplément au **Petit Français illustré** N° *149, du 4 octobre* 1902.

LIBRAIRIE ARMAND COLIN, Rue de Mézières, 5, PARIS.

LECTURES ILLUSTRÉES

A Travers nos Colonies, *Livre de Lecture sur l'histoire, la géographie, les sciences et la morale,* illustré de *200 gravures* exécutées d'après des photographies, des dessins sur nature, des documents communiqués par le Ministère des Colonies, la Société de Géographie, les Musées, les Explorateurs, etc., etc., par E. JOSSET, Professeur au Lycée Voltaire. Un volume in-12, 15 cartes et cartons, cartonné. . . . . **1 fr. 5**

Relié toile, tranches dorées. **2 fr. 50**

Introduction. — En Algérie; d'Alger à Constantine; la province de Constantine; la province d'Oran. — En Tunisie. — Le Grand Désert. — Sénégal et Soudan français. — Guinée Française et Congo Français. — Possessions françaises de l'Océan Indien. — Inde et Indo-Chine Françaises. — Possessions Françaises du Pacifique. — Colonies françaises d'Amérique.

Jeanne et Madeleine, *Livre de Lecture pour les Jeunes Filles* par ALICE DEREIMS. Un volume in-12, illustré de 110 gravures et cartes, cartonné. . . . . **1 fr. 50**

Relié toile, tranches dorées. **2 fr. 50**

Débuts dans la vie. — Vie de famille. — Vie sociale. — Vie industrielle. — Vie à la campagne. — Vie coloniale. — Vie au bord de la mer. — Vie à Paris. — Les faibles et les souffrants. — Conclusion.

Les bas de soie du bon roi Henri

(TABLEAU A RELIEFS)

Coller les 4 dessins sur un carton bristol; laisser sécher et découper à l'aide de fins ciseaux le contour de ces dessins;

Le rectangle du haut, à droite, découpé simplement en suivant les lignes droites du contour;

Le dessin du haut, à gauche, en suivant les lignes droites de droite, de gauche, de la base, et la ligne sinueuse du haut, silhouette de l'ensemble des personnages, marquée au gros trait noir;

Le dessin du bas, à droite, en suivant les lignes droites de droite, de gauche, le contour des personnages; enlever également toutes les surfaces blanches entre les personnages;

Le dessin du bas, à gauche, en suivant simplement le contour extérieur.

Coller le dessin du haut à gauche sur celui du haut à droite; coller ensuite sur ce premier ensemble le dessin du bas à droite; et coller le tout sur le cadre du bas à gauche à l'intérieur du grand rectangle dessiné en gros traits noirs.

Voir à notre dernière page le modèle de coloris pour ce tableau à reliefs et les explications sur le sujet représenté.   M.

Les bas de soie du bon roi Henri.
(Voir la gravure d'ensemble, page 528)

Le Jeu des Mosaïques.

La mosaïque figurée sur la planche, et dont le dessin ci-dessous est une reproduction exacte, se compose de 64 petits carrés. Chaque carré est moitié blanc, moitié noir.

Il faut d'abord coller la feuille sur un carton assez fort, en ayant soin qu'elle ne fasse pas de plis; attendre ensuite que la colle soit bien sèche, puis, enfin, découper *bien exactement* tous les carrés de façon à les séparer les uns des autres.

Faites en sorte que la section du carton soit nette et sans bavures. Vous y arriverez si vous guidez votre canif avec une bonne règle et si vous ne voulez pas aller trop vite.

N.-B. — *En coupant le carton au canif*, le placer sur un carton sans valeur pour ne pas endommager la table; ne pas se couper le bout des doigts, s'ils dépassent la règle; ne pas entailler la règle, ne pas épointer le canif.

Colle de riz préférable à toute autre. Nous en rappelons la recette :

On délaie à l'eau froide de la farine de riz et on la fait cuire sur un feu doux en tournant avec un petit

bâton ou une cuiller jusqu'à ce qu'elle soit prise, c'est-à-dire qu'elle ait une consistance gélatineuse. Cette colle est d'un beau blanc et devient presque transparente en séchant. Sa force est telle, que deux papiers collés avec elle se déchirent plutôt que de se détacher.

Cette colle est donc tout à fait ce qu'il faut à nos jeunes lecteurs pour exécuter les constructions que leur donne le journal.

En rassemblant ensuite les cartons dans le fond d'une boîte assez grande pour contenir les 64 carrés, on peut faire un nombre incalculable de mosaïques toutes différentes. Nous en figurons quelques modèles; mais chacun peut donner un libre cours à son imagination.

En supposant qu'on fasse une mosaïque par minute, il faudrait plusieurs siècles pour épuiser toutes les combinaisons possibles.

Ce jeu peut fournir des motifs d'ornementation très variés, des modèles inattendus pour le dallage des vestibules, des chœurs d'église, etc.

LIBRAIRIE ARMAND COLIN, rue de Mézières, 5, PARIS.

Vient de paraître :

L'Explication française, *principes et applications*,

par G. RUDLER, agrégé de l'Université, professeur au Lycée de Caen. Un volume in-18 jésus, broché . . . . **3 fr.**

On trouvera dans cet ouvrage une méthode et des essais d'explication française. L'auteur y expose dans la première partie les règles de l'art d'expliquer. Après avoir défini ce que devait être, selon lui, une explication parfaite, en s'inspirant dans la mesure où le genre s'y prête de l'esprit et des tendances scientifiques, il montre comment un texte s'étudie, dans son ensemble et dans son détail, en lui-même, dans sa genèse et dans son milieu, dans son fond et dans sa forme (vocabulaire, syntaxe, versification, style, etc.); en un mot, il montre sur quoi porte et comment se prépare l'explication; enfin il enseigne à la composer. Dans la seconde partie, il applique sa méthode à quelques textes choisis tout ensemble pour leur valeur typique et pour leur intérêt particulier : un fragment épique (Victor Hugo), une scène de théâtre (Racine), un poème à forme fixe (Ronsard), une fable (La Fontaine), un portrait (La Bruyère), une page de dialectique (Pascal).

Cours de Lecture expliquée. *Textes choisis des auteurs*

français du XVIᵉ au XIXᵉ siècle, expliqués et annotés par L. ROBERT, agrégé de l'Université, inspecteur général de l'Enseignement secondaire. Un volume in-18 jésus, broché . . . . **3 fr.**

Le Jeu des Mosaïques.

PRIME DU "PETIT FRANÇAIS ILLUSTRÉ"
Un beau stéréoscope pour 2 fr. 25

Reproduction du Stéréoscope grandeur nature

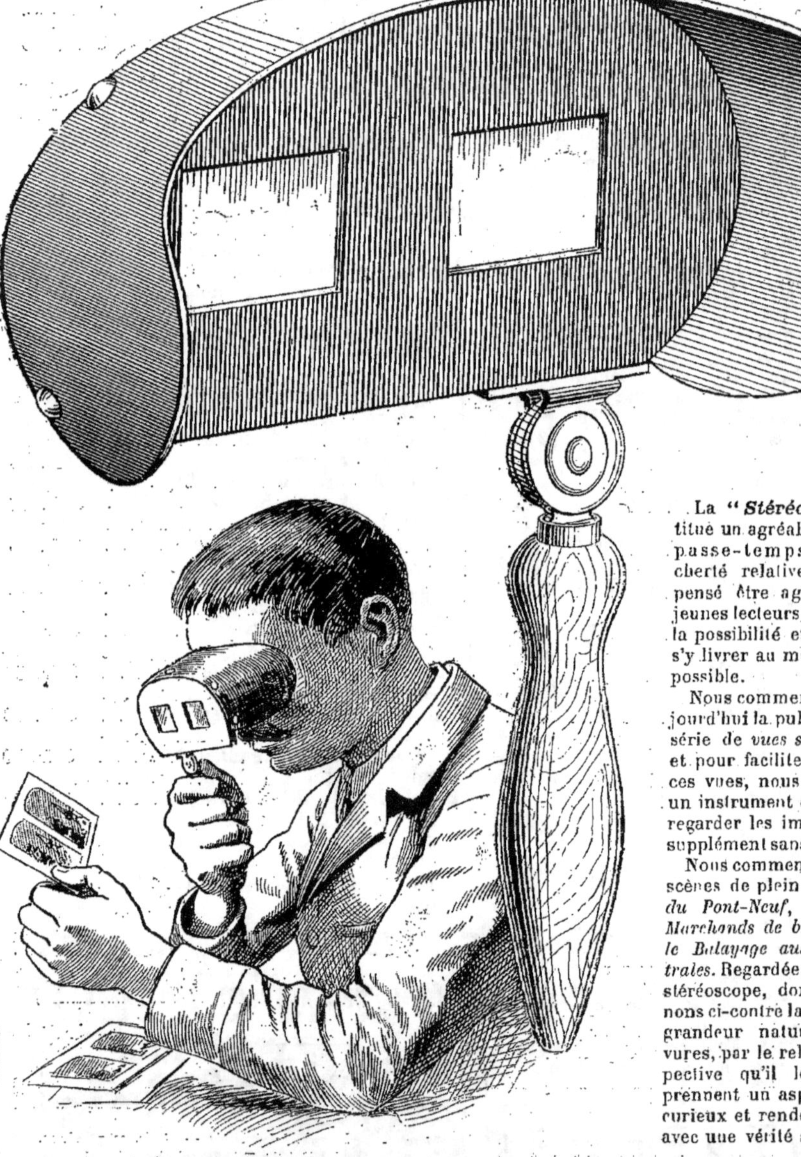

Manière de se servir du Stéréoscope.

La "*Stéréoscopie*" constitue un agréable et instructif passe-temps, mais d'une cherté relative. Nous avons pensé être agréables à nos jeunes lecteurs en leur offrant la possibilité et l'occasion de s'y livrer au meilleur compte possible.

Nous commençons donc aujourd'hui la publication d'une série de *vues stéréoscopiques*, et pour faciliter l'examen de ces vues, nous avons trouvé un instrument qui permet de regarder les images de notre supplément sans les découper.

Nous commençons par trois scènes de plein air : *Une vue du Pont-Neuf, à Paris* ; *les Marchands de bric à brac*, et *le Balayage aux Halles centrales*. Regardées au moyen du stéréoscope, dont nous donnons ci-contre la reproduction grandeur nature, ces gravures, par le relief et la perspective qu'il leur apporte, prennent un aspect des plus curieux et rendent la nature avec une vérité saisissante.

Conditions d'envoi du "Stéréoscope". — Nous tenons à la disposition des abonnés et lecteurs du *Petit Français illustré* des **stéréoscopes** au prix suivant :

1° Pris dans nos bureaux ou livrables à Paris . . . . **2 fr. 25**
2° Expédiés franco de port et d'emballage en France . . . . **3 francs.**

L'appareil nécessitant des frais supplémentaires d'emballage pour tous les pays étrangers, nous ferons connaître, sur demande, le prix du stéréoscope pour chacun de ces pays.

Toute demande devra être accompagnée du montant en un mandat-poste, chèque ou valeur à vue sur Paris.

Vues stéréoscopiques.

PARIS. — LE PONT-NEUF.

PARIS. — LES MARCHANDS DE BRIC A BRAC.

PARIS. — AUX HALLES CENTRALES : LE BALAYAGE.

Supplément au **Petit Français illustré** N° *152, du 25 octobre 1902.*

Le Croiseur Cuirassé

Coller préalablement sur une feuille de bristol. Procéder ensuite au COLORIAGE.

Pour le Croiseur : Tourelles couleur acier, c'est-à-dire en gris bleuté. Le pont, les embarcations et les cheminées jaunes, en donnant cependant à chaque objet une légère différence de ton pour les faire ressortir. Les manches à air en blanc, l'orifice en rouge.

La coque : La partie ombrée en gris bleuté ainsi que les canons.

La ligne d'eau en vert d'eau, et la batterie sera laissée en blanc.

Le rocher : Parties éclaircies en jaune avec une pointe de vermillon ; l'ombrage en violet tendre.

Les barques en vert, rouge, jaune, suivant la fantaisie du coloriste.

DÉCOUPAGE. — Découper soigneusement en mettant à jour les endroits marqués d'une croix. Coller ensuite les dessins dos à dos.

Pour le plan représentant la mer, mettre à jour avec un canif les traits noirs ; ceci fait, y introduire chaque objet en suivant exactement le numéro d'ordre, ouvrir les onglets en dessous et les coller.

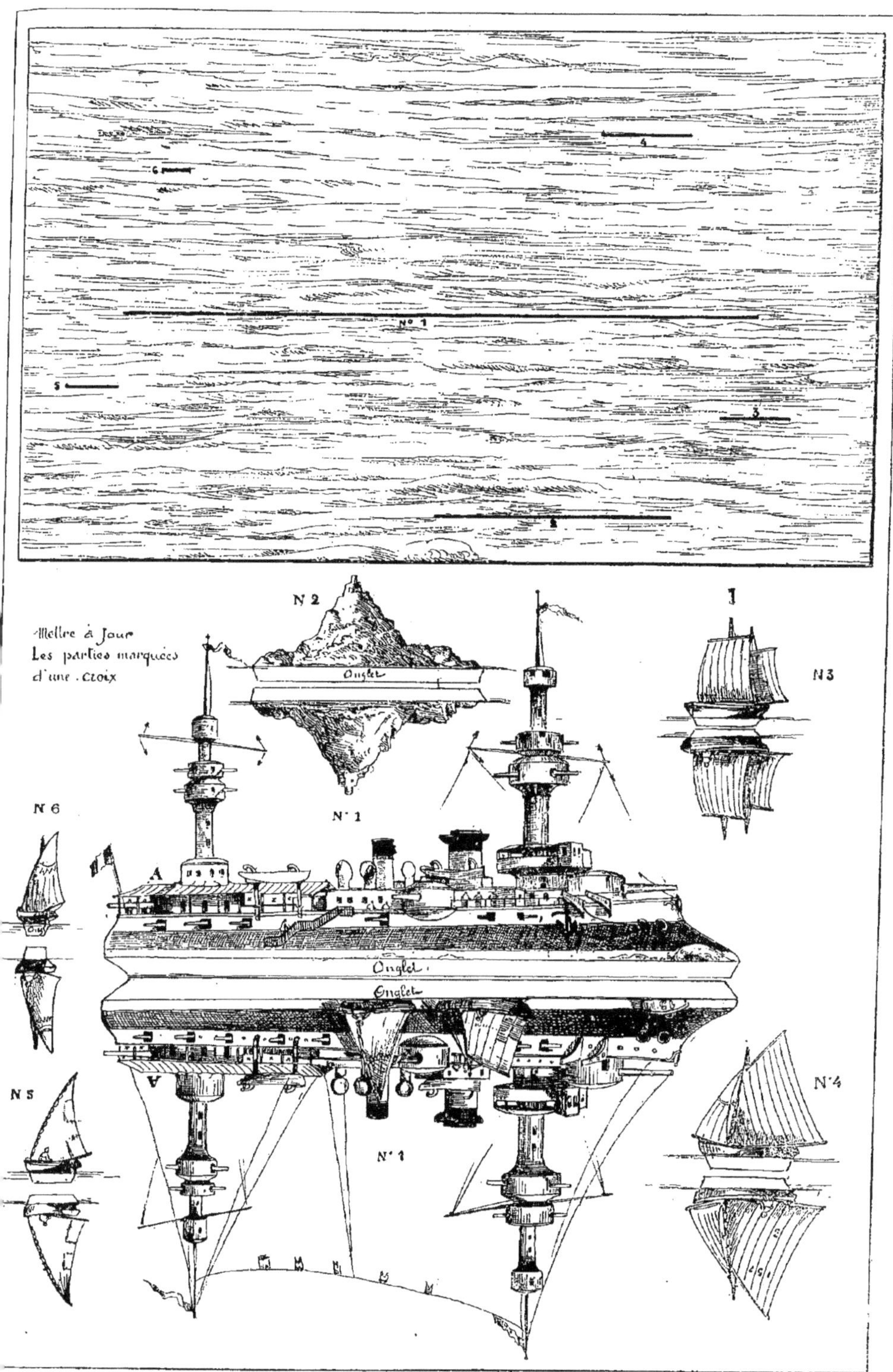

LE CROISEUR CUIRASSÉ

Aux lecteurs du PETIT FRANÇAIS ILLUSTRÉ

Voici que nous touchons au terme de l'année et que, toujours prenant de nouvelles forces, le Petit Français illustré va se lancer gaiement à l'assaut de 1903.

Gaieté et ardeur lui sont faciles, soutenu qu'il est par la sympathie constante de son jeune et charmant public. C'est un plaisir de se dépenser en efforts, quand on voit ces efforts appréciés et que de partout, même des pays les plus lointains, et des plus humbles villages aussi bien que des capitales, et des palais royaux aussi bien que des chaumières, vous viennent les encouragements les plus flatteurs et les plus sincères.

Mais succès oblige et nous voulons mériter dans toute la mesure du possible cet intérêt constant qu'on nous témoigne. Sans entrer dans le détail de ce que nous projetons pour l'année qui vient, nous pouvons toucher quelques points.

Et d'abord le roman. Nous commencerons dans le premier numéro de décembre :

Le Monsieur des Antipodes

une histoire des plus attachantes et des plus mouvementées de M. Dalsème avec des dessins du maître artiste José Roy.

Puis aux séries en cours, instructives et plaisantes tout à la fois, viendra s'en ajouter une :

NOS VOISINS

à laquelle nous attachons une grande importance. Par le crayon et par la plume, nous ferons défiler successivement devant nos lecteurs les enfants de toutes les nations, avec leurs physionomies, leurs habitudes, leurs tendances, si différentes parfois des nôtres. Ce chapitre réserve certainement à la jeune curiosité de notre public des surprises, et aussi des enseignements.

Nous pouvons annoncer encore une série qui sera la bienvenue :

Les récréations de Tom Tit

tours de prestidigitation ou expériences scientifiques, qui feront trouver les soirées trop courtes et qui permettront aux enfants d'instruire à leur tour, et de charmer, et d'étonner leurs parents.

Enfin, nous multiplierons et varierons le plus possible

NOS CONCOURS

qui obtiennent un si grand succès et nous valent tant d'agréables envois. Prochainement nous en ouvriront deux simultanément, un *manuel* et un *intellectuel*, auxquels seront attribuées de nombreuses récompenses.

LIBRAIRIE ARMAND COLIN, rue de Mézières, 5, PARIS.

Le Petit Français illustré, *Quatorzième année,*

(1902), 1er semestre. Un volume contenant de nombreuses gravures, in-8° jésus, broché, **3 fr.**; Relié toile, tranches dorées. . . . . **5 fr.**

LIBRAIRIE ARMAND COLIN, rue de Mézières, 5, PARIS.

Nouveauté :

Manuel de Gymnastique éducative et corrective,

par le Lᵗ-Colonel Dérué, Inspecteur principal de l'éducation physique dans les écoles de Paris, et le Dʳ Emile Laurent, Médecin inspecteur des écoles de la ville de Paris. Un volume in-18 jésus, illustré de nombreuses gravures, cartonnage toile souple. . . . . **1 fr. 50**

Il existe une gymnastique réellement éducative et, dans certains cas, corrective, curative même. Ce n'est pas la gymnastique de parade, mais celle qui perfectionne et assouplit, qui bannit les mouvements automatiques et les remplace par des exercices rationnels ayant pour unique but le perfectionnement physique de l'enfant.

C'est cette gymnastique rationnelle que préconisent MM. le Lieutenant-colonel Dérué et le Dʳ Emile Laurent. Leur ouvrage se recommande par sa précision, sa clarté, par la simplicité des règles et par la lumineuse exposition de l'enseignement qu'il porte en lui.

PETITE BIBLIOTHÈQUE ATHLÉTIQUE

PUBLIÉE SOUS LA DIRECTION DE G. DE SAINT-CLAIR

Les Sports Athlétiques, par G. DE SAINT-CLAIR. Un volume in-18 jésus, cartonnage souple. . . . . **1 fr. 75**

La Natation, par G. DE SAINT-CLAIR. Un volume in-18 jésus, cartonnage souple. **1 fr. 75**

Lawn-Tennis, par LET. Un volume in-18 jésus, cartonnage souple. . . **1 fr. 50**

Football (Rugby), par SAINT-CHAFFRAY et L. DEDET. Un volume in-18 jésus, cartonnage souple. (Nouvelle édition revue et augmentée) . . . . **1 fr. 50**

Football (Association), par TUNMER et FRAYSSE. Un volume in 18 jésus, cartonnage souple. . . . . **1 fr. 75**

LES DEUX CANTINIÈRES

Les cantinières ne portent plus, actuellement, le joli et pimpant costume dont nous donnons le modèle ci-contre. Beaucoup de nos jeunes lecteurs trouveront que c'est dommage, et ils colorieront avec soin les deux images qu'ils garderont comme le souvenir d'une époque disparue. Voici pour chacune de ces deux cantinières, les indications nécessaires.

Cantinière de chasseurs à cheval : pantalon *rouge* bande *verte*, chapeau feutre *gris* plume *vert foncé* et rubans *roses*, collerette et manches *blanches*, veste *vert foncé* brandebourgs *noirs*, jupe *vert foncé* bande *rouge*, tablier soie *noire*, tonneau *tricolore*, baudrier *noir*.

Cantinière de la ligne : pantalon *rouge*, chapeau toile cirée *noire*, rubans et cravate *rouges*, tablier, collerette et manches *blancs*, veste et jupe *bleu foncé* bande *rouge*, tonneau *tricolore*, baudrier *noir*.

Chasseurs à cheval

Infanterie de ligne

Les Deux Cantinières

<u>Vient de paraître :</u>

Les Missions catholiques françaises au XIXe siècle,

publiées sous la direction du Père J.-B. PIOLET, S. J., avec la collaboration de toutes les Sociétés de Missions.

TOME V. **Missions d'Afrique.** Un vol. in-8° grand jésus, 512 pages, 237 gravures et 20 grandes planches, broché, prix **net** . . . **12** francs

Avec demi-reliure, tête dorée, **net** . . . . **18** francs

(Envoi franco, sur demande, du prospectus **Missions***)*

ECHANGE DE CARTES POSTALES ILLUSTRÉES

Nous avons maintenant une rubrique spéciale consacrée aux échanges de cartes postales illustrées. Nos petits abonnés et lecteurs et nos jeunes lectrices bénéficient seuls de la faculté de correspondre ici entre eux pour leurs échanges.

Nous recevons le texte des annonces qui doit être accompagné du montant, à raison de 10 centimes par mot et par insertion, pour les frais de *composition* de l'annonce.

CARTES POSTALES. — M. René Danveau, 3, rue Devalois, Versailles (Seine-et-Oise), Franco désirerait échanger cartes postales illustrées avec tous pays. Refuse fantaisie.

M. Jean Denucé, rue du Tyrol, 74, Bruxelles (Belgique), désire échanger cartes-vues.

100 timbres étrangers tous différents pour **1 fr.** S'adresser au journal « le Timbrophile Poitevin » à Poitiers. Tout acheteur reçoit gratuitement le journal pendant un an.

EXERCISEUR MICHELIN

Appareil de gymnastique en chambre
PRIX : Pour Dames et Enfants, **8 fr.**
Pour Hommes et Jeunes Gens **9^f.** Pour Athlètes **10^f.**

A. MICHELIN
105, Boulevard Péreire (Sud) PARIS

POMMADE MOULIN

Guérit *Dartres, Boutons, Rougeurs, Démangeaisons, Eczéma,*
Acné. — Fait repousser les Cheveux et les Cils.
2f. 30 le Pot franco. Ph^{ie} **Moulin**, 30, rue Louis-le-Grand, PARIS.

LIBRAIRIE ARMAND COLIN, *rue de Mézières, 5, Paris.*

Jeanne et Madeleine, *Livre de lecture pour les jeunes filles,* par ALICE DEREIMS. Un vol. in-12, illustré de 110 gravures et cartes, cartonné . . . . **1 fr. 50**

Constructions en cartes (*Suite*)
par TOM TIT

Maintenant que nous savons fabriquer des boîtes cubiques à l'aide de six cartes et que nous avons construit la modeste cabane du cantonnier, nous allons voir comment, en réunissant plusieurs cubes, on obtient des maisons beaucoup plus importantes.

La fig. 1 de la planche explicative représente un cube isolé; je rappelle en quelques mots comment ce cube a été construit à l'aide de six cartes, renvoyant mes lecteurs à notre N° du 20 juillet 1901, s'ils avaient besoin d'explications plus complètes. On place deux cartes en croix l'une sur l'autre et l'on replie les extrémités qui dépassent la largeur de chaque carte. Une fois les six cartes ainsi repliées, on les assemble de la manière suivante : on pose à plat sur la table la première carte, les languettes relevées à angle droit; on place sous ses bords les languettes inférieures de deux cartes verticales, puis, en avant et en arrière, on met deux cartes transversales; enfin, la sixième carte, destinée à maintenir l'ensemble, est posée comme un couvercle sous les languettes des deux cartes verticales. Le cube est fait.

Voici comment nous allons accrocher à ce premier cube un second cube de manière à former un seul bloc. Plions, comme précédemment, six cartes de même grandeur (cartes à jouer, cartes de visite, morceaux de carton mince, etc.), et engageons la languette y de la carte 1 sous les deux bords des languettes $x\,x'$ du cube primitif. Engageons de même la languette y' de la carte 2 sous les deux autres bords des languettes x et x', comme l'indique la fig. 2. Couchons maintenant la carte 3 horizontalement sur le haut du cube, entre les cartes 1 et 2, les languettes de cette carte 3 étant dirigées vers le haut (fig. 3). Voilà déjà 3 cartes du nouveau cube placées; et l'on achève le second cube comme nous venons d'achever le premier. La fig. 4 montre l'assemblage des deux cubes ainsi reliés l'un à l'autre. Ajoutons un toit en carte pliée en deux et une cheminée comme pour la cabane du cantonnier, et indiquons avec de l'encre ou du crayon, sur les diverses faces, les places de la porte et des fenêtres; démontons les deux cubes, faisons les entailles et les plis nécessaires pour obtenir les portes et les volets, reconstruisons notre maisonnette, et nous voilà propriétaires d'une maison à deux étages dont nous avons été les architectes.

Désirez-vous lui ajouter une aile? Rien de plus facile, comme vous allez le voir. Couchez sur la table les deux cubes se tenant accrochés l'un à l'autre, de façon que les languettes x et x' soient placées en haut, et construisez, en l'accrochant à ces languettes, un troisième cube, en procédant comme vous venez de le faire à l'instant pour le second. L'aile que nous venons d'ajouter, devant contenir, par exemple, une boutique (fig. 5), nous pouvons entailler la carte de devant en forme de store, suivant le tracé indiqué fig. 6. Les traits noirs indiquent les lignes qui doivent être coupées complètement; les traits pointillés, celles qui doivent être légèrement en-

taillées au canif, puis pliées; les signes $\times\times$ indiquent les lignes devant être entaillées au dos et pliées en sens inverse des autres. On pique leurs extrémités avec une épingle afin de les entailler à l'envers. Cette opération vous fournit non seulement le store a, mais encore une tablette b, repliée vers l'extérieur, et sur laquelle on place les marchandises de la boutique. Remarquez que, pour le tracé de la porte, il doit se faire seulement sur une des faces du cube dont les languettes sont verticales; on peut ainsi découper jusqu'en bas les bords verticaux de la porte. Si la largeur des languettes gêne pour établir les fenêtres ou les portes comme on le désire, on peut enlever avec des ciseaux la moitié de cette largeur sans nuire à la solidité de l'édifice. Au lieu d'une cheminée ronde, comme celle du cantonnier, nous pouvons en faire une de forme rectangulaire; la fig. 7 indique comment on doit entailler et plier la carte qui la fournit, les deux faces extrêmes c et d se recouvrant l'une l'autre. On place cette cheminée sur le cube supérieur en la faisant passer par une échancrure rectangulaire du toit. Traversez cette cheminée par une épingle placée vers le haut et sur laquelle vous poserez à cheval un morceau étroit de papier d'Arménie plié en deux et dont les deux bouts auront été allumés; vous obtiendrez ainsi un panache de fumée odoriférante.

Remarquez que nous aurions pu placer l'aile de notre maison à gauche au lieu de la mettre à droite; elle aurait pu se trouver aussi devant ou derrière le bâtiment à deux étages, ce qui modifie la disposition des portes et des fenêtres; vous voyez que nos trois cubes peuvent être groupés de 4 manières différentes, ce qui nous donnera de la variété pour nos constructions. Ajoutez d'autres cubes, et vous aurez une série de bâtisses fort originales, les éléments des plus simples pouvant entrer dans la construction des plus compliquée. Vous aurez ainsi, sans aucuns frais, tout un jeu de constructions démontables que vous perfectionnerez petit à petit en y ajoutant de nouveaux modèles; vous arriverez à avoir des villages tout entiers avec une église et son haut clocher, une école, des maisons d'habitation rustiques, des châteaux, le tout se démontant de manière à n'occuper que peu de place. Je ne puis, bien entendu, vous donner ici des modèles de toutes ces habitations de fantaisie; c'est à vous à les imaginer. Mais, pour bien fixer les idées, je me bornerai à vous montrer un des modèles faisant partie de ma collection et qui a amusé déjà des centaines d'enfants; c'est la petite auberge de campagne, dont les deux boutiques du rez-de-chaussée sont occupées par une boulangerie et un restaurant.

Six cubes seulement la composent, car j'ai ménagé en bas un vide représentant l'entrée des voitures. Il y a là une petite difficulté, mais, si vous craignez pour la solidité de l'ensemble, vous pourrez renoncer à faire la construction démontable et coller les languettes sur les faces des cubes; l'assemblage sera ainsi tout à fait

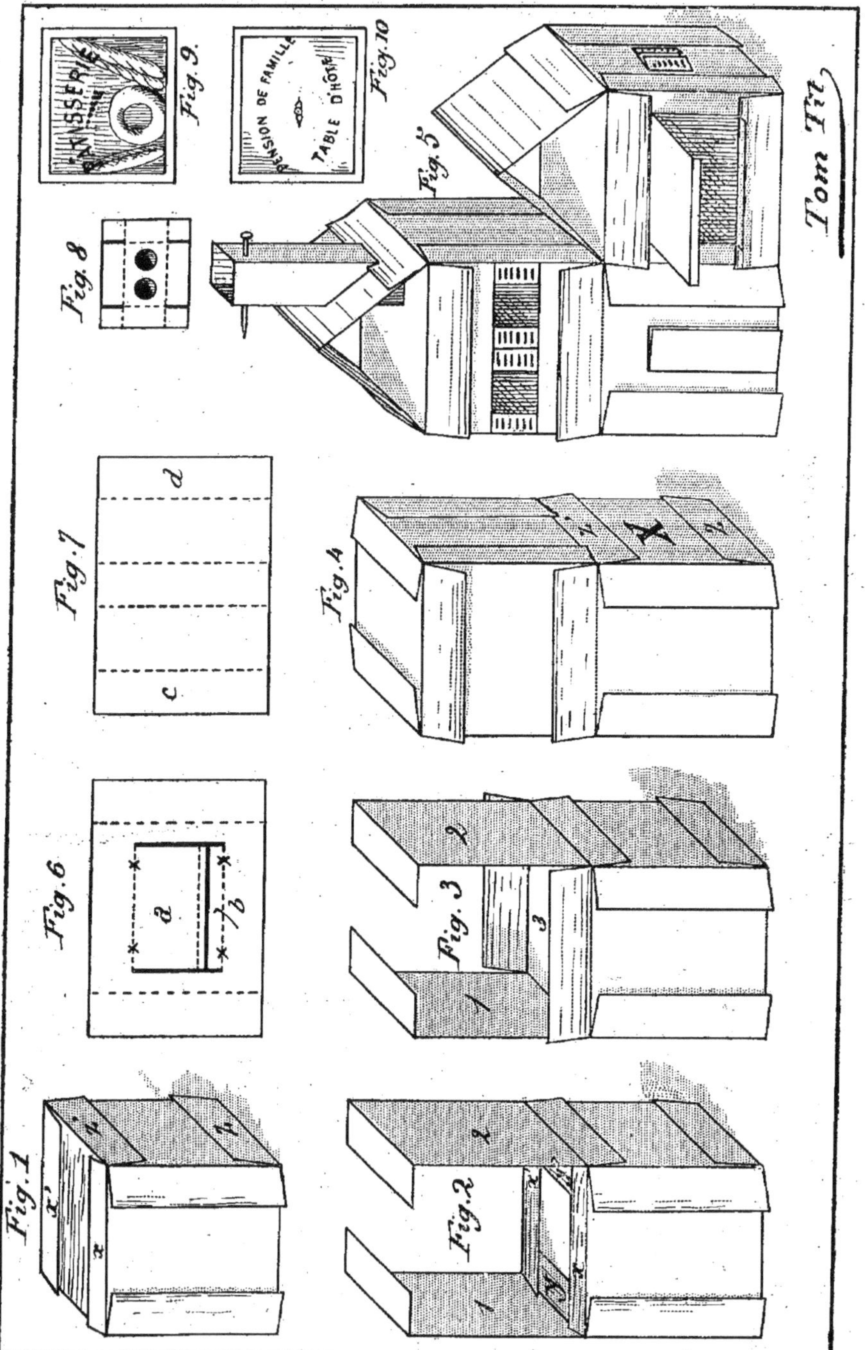

rigide. De plus, la maison peut être collée sur un morceau de carton.

Pour le montage, voici comment on opère. On commence, bien entendu, par plier les languettes des cartes, tracer et entailler les ouvertures des portes et des fe-nêtres, etc., puis, cela fait, c'est par le premier étage que l'on commence en assemblant les 3 cubes dont il se compose. On accroche ensuite les deux cubes du rez-de-chaussée, puis le cube unique du second étage. Avant de coller, on intercale, entre le rez-de-chaussée et le

CONSTRUCTIONS EN CARTES. — AUBERGE DE CAMPAGNE, COMPOSÉE DE 6 CUBES.

premier, deux cartes pliées en deux figurant les stores.

Le dessin d'ensemble vous montre que, dans ce modèle, on a supprimé les volets ; cela permet de découper les ouvertures des fenêtres d'une nouvelle manière, chaque fenêtre étant représentée par 4 rectangles à jour ; c'est un travail de patience destiné à vous exercer au travail du canif ou des ciseaux à bout pointu. Derrière les ouvertures ainsi faites, vous collerez de petits morceaux de papier à calquer, sur lesquels vous pourrez colorier des vitraux ou des bordures en carreaux de couleur. Pour les deux boutiques, les fig. 9 et 10 indiquent comment on peut tracer des dessins ou des inscriptions sur le papier à calquer collé derrière les vides correspondant à leurs devantures. Enfin, si vous ne craignez pas d'allonger votre travail, vous aurez soin, avant de faire le montage, de découper un carré dans chaque face postérieure de vos cubes ; de cette façon, lorsque vous placerez votre construction devant la lampe ou à la lumière du soleil, votre maison vous apparaîtra brillamment éclairée, et les vitraux de couleur feront l'effet le plus magnifique. Sur notre modèle, vous voyez aussi une modification de la cheminée ; d'abord elle est prise dans le sens de la longueur de la carte, ce qui la rend plus élancée ; de plus elle est extérieure à l'aile centrale, et simplement taillée en biseau à sa partie inférieure, ce qui permet de la poser sur le toit de la boulangerie et de l'enlever pour la garnir de papier d'Arménie ; enfin, elle sera plus élégante si vous la coiffez d'un chaperon en forme de couvercle de boîte, dont le tracé très simple est indiqué fig. 8. Le dessus de ce couvercle porte deux petites ouvertures rondes par lesquelles passera la fumée ; vous pourrez introduire dans ces deux trous deux petits tuyaux faits en carte roulée, et qui rendront l'ensemble encore plus gracieux.

Pour les toits, vous voyez que cette fois ils font saillie sur les façades ; au lieu de se composer d'une seule carte pliée en deux, vous les fabriquerez en réunissant deux cartes au moyen d'une bande de papier collée sur leur côté le plus long. Vous entaillerez le toit supérieur pour le passage de la cheminée, et les toits inférieurs aux endroits où ils rencontrent le cube central. Je ne puis vous donner de tracé exact, puisque plusieurs d'entre vous opéreront avec des cartes de grandeurs différentes, les cartes à jouer n'ayant pas toutes le même format, mais vous trouverez les formes en essayant d'abord avec un morceau de papier.   TOM TIT

Aux lecteurs du PETIT FRANÇAIS ILLUSTRÉ

Voici que nous touchons au terme de l'année et que, toujours prenant de nouvelles forces, le Petit Français illustré va se lancer gaiement à l'assaut de 1903.

Gaieté et ardeur lui sont faciles, soutenu qu'il est par la sympathie constante de son jeune et charmant public. C'est un plaisir de se dépenser en efforts, quand on voit ces efforts appréciés et que de partout, même des pays les plus lointains, et des plus humbles villages aussi bien que des capitales, et des palais royaux aussi bien que des chaumières, vous viennent les encouragements les plus flatteurs et les plus sincères.

Mais succès oblige et nous voulons mériter dans toute la mesure du possible cet intérêt constant qu'on nous témoigne. Sans entrer dans le détail de ce que nous projetons pour l'année qui vient, nous pouvons toucher quelques points.

Et d'abord le roman. Nous commencerons dans le premier numéro de décembre :

Le Monsieur des Antipodes

une histoire des plus attachantes et des plus mouvementées de M. Dalsème avec des dessins du maître artiste José Roy.

Puis aux séries en cours, instructives et plaisantes tout à la fois, viendra s'en ajouter une :

NOS VOISINS

à laquelle nous attachons une grande importance. Par le crayon et par la plume, nous ferons défiler successivement devant nos lecteurs les enfants de toutes les nations, avec leurs physionomies, leurs habitudes, leurs tendances, si différentes parfois des nôtres. Ce chapitre réserve certainement à la jeune curiosité de notre public des surprises, et aussi des enseignements.

Nous pouvons annoncer encore une série qui sera la bienvenue :

Les récréations de Tom Tit

tours de prestidigitation ou expériences scientifiques, qui feront trouver les soirées trop courtes et qui permettront aux enfants d'instruire à leur tour, et de charmer, et d'étonner leurs parents.

Enfin, nous multiplierons et varierons le plus possible

NOS CONCOURS

qui obtiennent un si grand succès et nous valent tant d'agréables envois. Nous comptons donner dans notre prochain Supplément les résultats du concours de coloriage ouvert le 9 août. Dans notre numéro du 29 novembre, nous en ouvrirons deux simultanément, un *manuel* et un *intellectuel*, auxquels seront attribuées de nombreuses récompenses.

LIBRAIRIE ARMAND COLIN, rue de Mézières, 5, PARIS.

Le Petit Français illustré, *Quatorzième année,*

(1902), 1ᵉʳ semestre. Un volume contenant de nombreuses gravures, in-8° jésus, broché, **3 fr.** ; Relié toile, tranches dorées. . . . . **5 fr.**

PRIME DU "PETIT FRANÇAIS ILLUSTRÉ"
Un beau stéréoscope pour 2 fr. 25

Reproduction du Stéréoscope grandeur nature

Manière de se servir du Stéréoscope.

Ainsi que nous l'avons dit dans le n° 151 du *Petit Français illustré*, la "**Stéréoscopie**" constitue un agréable et instructif passe-temps, mais d'une cherté relative. Nous avons pensé être agréables à nos jeunes lecteurs en leur offrant la possibilité et l'occasion de s'y livrer au meilleur compte possible.

Nous continuons donc aujourd'hui la publication de notre série de *vues stéréoscopiques*. Nos lecteurs connaissent déjà l'instrument qui permet de regarder les images de notre supplément sans les découper.

Aux scènes de plein air parues dans notre numéro du 18 octobre, nous donnons comme suite trois vues prises au musée du Louvre. Regardées au moyen du stéréoscope, dont nous donnons ci-contre la reproduction grandeur nature, ces gravures, par le relief et la perspective qu'il leur apporte, prennent un aspect des plus curieux et rendent la nature avec une vérité saisissante.

Conditions d'envoi du "Stéréoscope". — Nous tenons à la disposition des abonnés et lecteurs du *Petit Français illustré* des **stéréoscopes** au prix suivant :

1° Pris dans nos bureaux ou livrables à Paris . . . . **2** fr. **25**
2° Expédiés franco de port et d'emballage en France . . . . **3** francs.

L'appareil nécessitant des frais supplémentaires d'emballage pour tous les pays étrangers, nous ferons connaître, sur demande, le prix du stéréoscope pour chacun de ces pays.

Toute demande devra être accompagnée du montant en un mandat-poste, chèque ou valeur à vue sur Paris.

Vues stéréoscopiques

PARIS. — MUSÉE DU LOUVRE : SALLE DE PUGET.

PARIS. — MUSÉE DU LOUVRE : LA *Victoire de Samothrace*.

PARIS. — MUSÉE DU LOUVRE : LA GALERIE D'APOLLON.

Résultats du 9ᵉ Concours

(COLORIAGE)

PRIX :

1ᵉʳ **PRIX** : Un assortiment choisi et complet de conserves « *Amieux-frères* ». — Valeur : 18 fr.

M. JEAN BIR, à Maisons-Alfort.

2ᵉ **PRIX** : Un assortiment choisi de conserves « *Amieux-frères* ». — Valeur : 14 fr.

Mˡˡᵉ BLANCHE BAUDOUIN, à Bouqueval-Blaincourt.

3ᵉ **PRIX** : Un assortiment de différentes conserves « *Amieux-frères* ». — Valeur : 10 fr.

M. PIERRE IRIGOIN, à Aix-en-Provence.

ACCESSITS

Un volume broché à choisir dans les volumes de la **"Collection Mucha"**.

(Voir la liste de ces volumes dans le cartouche au bas de la page 4 du présent supplément).

Bivort de la Saudée (H.).	Lagatinerie (Lucienne de).	Barthélemy (Jules).	Leroy (Anne).
Lalle (Maurice).	Harenger (Marguerite).	Roustan (Jeanne).	Dammann (Raymond).
Boitiat (Léon).	Reumont (Eugène).	Filleau de St-Hilaire (M.).	Keller (Amédée).
Caillet (René).	Jarrige-Lemas (Marcel).	Radisse (Marcel).	Damianoff (Christo).
	Gorlier (Jean).		Roblin (Olympe-Elvire).

(*Voir la suite à la page 2 de ce supplément*).

ECHANGE DE CARTES POSTALES ILLUSTRÉES

Nous avons maintenant une rubrique spéciale consacrée aux échanges de cartes postales illustrées. Nos petits abonnés et lecteurs et nos jeunes lectrices bénéficien seuls de la faculté de correspondre ici entre eux pour leurs échanges.

Nous recevons le texte des annonces qui doit être accompagné du montant, à raison de 10 centimes par mot et par insertion, pour les frais de *composition* de l'annonce.

CARTES POSTALES. — Mademoiselle Claire Verdagne, 3, rue Thomas, Marseille (Bouches-du-Rhône), échangerait cartes postales.

M. Robert Dufour, place du Centre, Charleroi (Belgique), enverra cartes de Charleroi et environs, contre cartes de tous pays.

Résultats du 9ᵉ Concours (Suite)

MENTIONS HONORABLES

Adam (P.).
Amelin (Eugène et Pierre).
Andrimont (Suzanne d').
Baudillon (Émile).
Beaufort (Madeleine de).
Billon (Paul).
Blanc (Edouard).
Bonnefont (Lucien).
Bordier (Marie-Louise).
Bouquin.
Bruyne (Lydie de).
Burel (Madeleine).
Butler (Rhoda).
Chabaury (Alfred).
Curti (Otto).
Damié (Sarah).
Demoustier (Germaine).
Denoncin (Geneviève).
Deschamps (Jean).

Despommiers (Germaine).
Dive (Edmond).
Dumay (Georges).
Egli (Arnold).
Emiliani (Virginie).
Faure (Mlle).
Flétincka (Ed.).
Foulounoux (Pierre).
Gallois (André).
Guiader (Jean).
Hahn Poccia (Baron J. de).
Hennecart (Jeanne).
Houdrat (Jean).
Jac (Charles).
Kerscaven (Anna).
Lagasse (Paul).
L'Antoine (Marcel).
Lebrun (S.).
Lécorché (Raymond).

Lécot (Pierre).
Lefeuvre (André).
Levasseur (Louis).
Lhomme (Françoise).
Maurer (Marie-Josèphe).
Ménage (L.).
Meynieu (Mme D.).
Mony (L.).
Neyrat (M.).
Nikovowicz (Charlotte de).
Oberkampf (Mlle A.).
Pintart (Pierre).
Planet (Raymond).
Poype (Mlle S. de la).
Rameau (Edouard).
Rameau (Paul).
Rabouillat (Victorien).
Régnier (Suzanne).
Robert (Valérie).

Rosset (André).
Roux (Louise).
Saboulard (René).
Schaufelbergez (Georges).
Simian (Ernest).
Simon (Marcel).
Sinoir (Auguste).
Souliès (Charles).
Thiébaud (Marcelle).
Vander Kricken (Edmond)
Varcollier (Jeanne).
Vasseur (E.).
Verhaegen (Etienne).
Vigneron (Roger).
Vincent (André).
Vinck (Paul).
Vinot Préfontaine (J.).
Vitalis (Louis).
Vuillaume (Louis).

Les mentions ci-dessus recevront **deux Cartes postales illustrées**.

MENTIONS SIMPLES

Albouy.
Andrillon (Camille).
Anthoine (R.).
Archambault (S.).
Arnoult (Pierre).
Arnon (Isabelle).
Aubraye (Lucien).
Aujard (Charles).

Avignon (Edouard).
Bailly (Franck).
Balma (Charles).
Banniard (Louise).
Barbe (Raymond).
Barbier (Georges).
Barbier (Jeanne).
Barthomeuf (Raoul).

Bassouls (Pierre).
Baudillon (Amélie).
Beau (Adrien).
Beauvais (Marie).
Béclu (Madeleine).
Bedaux (Gaston).
Bellanger (Alfred).
Bénard (Alphonse).

Benvidt (Paul).
Bérenger (Charles).
Bernard (François).
Berthelotet (Jules).
Bertrand (Jean).
Beusse (Marie-Antoinette).
Blondeaux (Yvonne).
Bocquillet (Emile).

(Voir la suite à la page 4 de ce supplément.)

LIBRAIRIE ARMAND COLIN, Rue de Mézières, 5, PARIS.

Album de Timbres-Poste

(* **Europe**). Un volume in-4° oblong, contenant *110 planches (dont 24 en blanc) 100 gravures, 600 reproductions de timbres, 3 000 timbres décrits*, relié toile .... **6** fr.

Cet ouvrage est également mis en vente en feuilles pliées renfermées dans un carton, au prix de .... **6** fr.

PLANCHES CONTENUES DANS L'ALBUM

France	6 planches	Danemark	2 planches	Autriche-Hongrie	4 planches
Tunisie	1 —	Suède et Norvège	4 —	Portugal	4 —
Monaco	1 —	Russie	4 —	Turquie	2 —
Angleterre	4 —	Allemagne	16 —	Roumélie orient.	1 —
Gibraltar	1 —	Belgique	4 —	Bulgarie	2 —
Heligoland	1 —	Pays-Bas	5 —	Roumanie	2 —
Chypre	1 —	Luxembourg	2 —	Serbie	1 —
Italie	4 —	Suisse	2 —	Monténégro	1 —
Italie avant l'unité	5 —	Espagne	4 —	Grèce	2 —

Comment voyagent les Cartes postales illustrées.

Beaucoup de cartes illustrées ne parviennent pas à leur adresse, paraît-il. L'administration des postes, à la suite d'une enquête, a déclaré que la faute en est imputable le plus souvent aux expéditeurs qui mettent des adresses incomplètes, ou n'affranchissent pas suffisamment.

Les cartes tombées ainsi en rebut sont considé-rables, et on n'en brûle pas moins de 12 000 tous les mois. Il y a donc un grand intérêt pour nos lecteurs à être renseignés complètement au sujet de l'envoi des cartes illustrées. Le tableau ci-dessous est bon à consulter.

Les cartes illustrées peuvent être expédiées de trois manières :

1° Cartes illustrées expédiées comme Cartes postales. — *Affranchissement :* **10 centimes.**

RECTO   VERSO

Le recto doit porter : la mention **Carte postale**, le timbre de 10 centimes, l'adresse du destinataire et *facultativement*, mais nous ne saurions trop recommander de le faire pour faciliter le retour de la carte en cas d'erreur, les noms et adresse de l'expéditeur.

Le verso, réservé à la correspondance, peut recevoir des mentions manuscrites ou imprimées de toute nature. — *Dimensions* de la carte : 14 centimètres sur 9 au maximum, 9 sur 6 au minimum. — *Poids :* 5 gr. au maximum. 1 gr. 1/2 au minimum.

2° Cartes illustrées expédiées comme Cartes de visite. — *Affranchissement :* **5 centimes.**

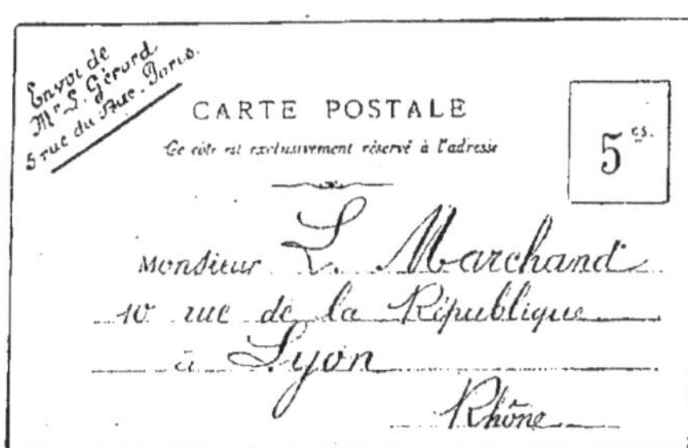

Le recto doit porter les mentions indiquées ci-dessus, et le timbre d'affranchissement à cinq centimes. Même recommandation en ce qui concerne les noms et adresse de l'expéditeur.

Les cinq mots qu'on a la faculté d'écrire au verso ne doivent être que des formules de politesse : vœux, souhaits, remerciements, compliments, etc.

3° Cartes illustrées expédiées comme imprimés ordinaires. — *Affranchissement variable.*

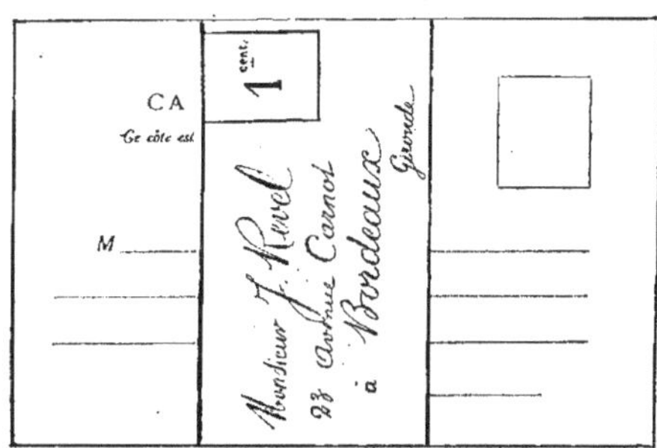

Sous enveloppe ouverte ou à découvert, ces cartes doivent être affranchies à 5 centimes par 50 grammes. — Sous bande ne couvrant pas plus du tiers de la surface, 1 centime par 5 grammes pour la France, jusqu'à 20 grammes ; au dessus de 20 grammes jusqu'à 50 grammes, 5 centimes. Pour l'étranger 5 centimes par 50 grammes.

Le verso peut porter toute mention imprimée ne présentant pas le caractère d'une correspondance personnelle.

Dimension : 45 centimètres de côté au maximum.
Poids : 3 kilog. au maximum pour la France ; 2 kilog. pour l'étranger.

Résultats du 9ᵉ Concours (suite et fin)

MENTIONS SIMPLES (suite)

Boisbourdin (Calixte).
Boisserin (Henry de).
Bougrand (Louis).
Bordarier (François).
Boucher (Paul).
Bourgès (René).
Boussac (André).
Bracy (Madeleine de).
Brichot (Emile).
Brillet (René).
Brisset (Joseph).
Brochet (Gaston).
Brouard (Paul).
Bugnicourt (Paul).
Bugnicourt (René).
Buquen (Maurice).
Cagin (Emile).
Cahérec (Gabrielle).
Cambois (Gaston).
Cantrelle (Albert).
Carassus (Rachel).
Caravas (Marie)
Carette (Maurice).
Caritz (Robert).
Carlier (Robert).
Carot (Paul).
Carrory (Fernand).
Chabot (Eugène).
Charner (Jules).
Chantepie (Lucien).
Chapelle (André).
Chaput (Maurice).
Chatain.
Chaufour (Paul).
Chenaud (André).
Chenet (Camille).
Chesne (Camille).
Chevalier (Henri).
Chornel (Marie).
Clavelloux (Henri).
Clément (Paul).
Clerc (Pierre).
Côme de la Plante (G.).
Coquelz (Marthe).
Cornu (A.).
Correnson (Jean).
Couillard (Paul).
Coutté (Clovis).
Coynel (Eloi).
Crest (Jeanne du).
Chérouvrier (Louis).
Coëlho (Marie).
Combanère (Charles).
Constant (Andrée).
Cordé (Alfred).
Daubert (Pierre).
Daude (Robert).
Debray (Arthur).
Debuire (Alexis).
Debuisson (Paul).
Delauney (Marcel).
Demanthé (Gaston).
Deschamps (Odette).
Desgroux (Georges).

Dèzes (Mlle Mag).
Dimet (Mlle).
Drain (Germaine).
Dubois (Gaston).
Dufils (Hélène).
Dufour (Robert).
Emorine.
Etienne (Magdeleine).
Fayet (Charlotte-Suz. de).
Fanjoux (Marie).
Favret (Paul).
Fernande (Alice).
Fichet (L.).
Filleron (P.).
Fobelets (P.).
Gabillet (Louis).
Galey de Brabandère (Mlle).
Gassiot (Georges).
Gaudon (Paul).
Gaurné (J.).
Gautret (Blanche).
Genevray (Jacques).
Georges (Joseph).
Gile (Paul).
Glur (Jules).
Goldberg (Georgette).
Gonnard (Robert).
Gouyon (Rose).
Gresset (Arnaud).
Gros (Etienne).
Grosgeorge (Edmond).
Gruffy (René).
Guien (Auguste).
Guilloteau (Marguerite).
Guilloteau (Maxime).
Hamard (Marcelle).
Hardouin (A.).
Hénault (Roland).
Hercoliers (Emile).
Hermet (François).
Herrenschmidt (Roger).
Hertong (Nicolas).
Hervé le Gars, fils.
Hestrest (Jeanne).
His (Jean).
Houba (Jeanne).
Jaulmes (André).
Joanne (Pierre).
Joseph (André).
Jouanne (Andrée).
Jousseaume (Raymond).
Jozan (Jeanne).
Jung (Albert).
Kless (Fritz).
Koch (Eugène).
Laet (Maurice de).
Lagasse (André).
Lagriffoul (Henriette).
Langoux (Hérald).
Lasègue (Annette).
Lansade (Robert).
Laprade (H.).
Latour (Jacques).
Latron (Paul et Denise).
Widmann (Colette).

Laussette (Marcel).
Lavallard (André).
Lavaud (Alice).
Lecomte (Marie).
Ledoux (Pierre).
Lefèvre (André).
Léger (Louis).
Le Grand (Robert).
Le Hasif (Maurice).
Lehr (M. et Mlle G.).
Lejeune (Ernest).
Lemaître (Georges).
Lemesle (André).
Lemoine (Henriette).
Lens (Marie-Louise).
Lèques (G).
Leroy (Gabriel).
Lessa (Horace).
Letta (Henri).
Lidy (Eugène).
Liévin (Frédéric).
Litou (Arsène).
Lœwel (Pierre).
Lœwel (A.).
Lœz (Emile).
Lothier (Lucien).
Loubière (René).
Macry (Louis).
Magniez (Germaine).
Mallet (Georges).
Malot (Marcel).
Manent (Alfred).
Mantel (Odette).
Marais (Edouard).
Marchand (Etienne).
Margarot (Charles).
Mariaud (Aimée).
Marion (Charles).
Martinot (Pierre).
Masson (André).
Maublanc (René).
Mankels (Eugénie).
Mény (Marcel).
Mercier (André).
Métayer (Gaston).
Michiels (Alphonse).
Michon (Henri).
Mikol (Robert).
Monserand (Pierre de).
Montigny (Fernand).
Morel (Fernande).
Motte (Irène).
Moulin (Henri).
Moulin (Louis).
Mouriau de Meulemaker (A.).
Muller (Raymond).
Munier (Henry).
Nouzillet (Jules).
Ourgand (Albert).
Ozan (Louis).
Pacquet (Adolphe).
Parant (Louis).
Parrain (Etienne).
Péan (Louis).
Ziegler (Charles).

Perrin (Marcel).
Perrusson (Paule).
Pineau (Louis).
Pougeois (Simone).
Pourchet (Marcel).
Pouyet (Henri).
Puybardy (René).
Quénisset (Jules).
Quinsiet (Paul).
Raimbault (Maurice).
Ravoi (G.).
Raymond (Pierre).
Reine (Henri).
Robert (André).
Robert (Fernand).
Roblin (Jules).
Rootsaert (Willy).
Rose (Augustine).
Rouget (Suzanne).
Rousseau (Marcel).
Rousseau (Victor).
Roussel (Charles).
Roy (André).
Ruat (Maurice).
Rapied (Henriette).
Sabathier (Joseph).
Saint-Dizier (Eugénie.)
Saint-Mars (Henri).
Sancaz (François).
Schlim (V.).
Schnéégans (Pierre).
Schœvaerdts (Jacques).
Schwartz (Georges).
Schwartz (Raymond).
Senàux (Blanche).
Sizaire-Rey (Charles).
Souza (Carlos de).
Speranza (Claire).
Stevens (Raymond).
Stumm (François).
Sublie (Gaston).
Tabouillot (Aimé).
Tellier (Robert).
Terver (Paul).
Tessier (Marguerite).
Theux (Ph. de).
Thomas (Charles).
Thomas (R.).
Toussaint (Louis).
Toutain (Jean).
Tranier (Yvan).
Tresch (Henri).
Turgis (G.).
Valette (R.).
Vannecy (Léon).
Vieillard (J.).
Vignant (Louis).
Vigneron (Anna).
Vincent (Pierre).
Vinson (Paul).
Vivier (Gilbert).
Vouaux (Albert-Léon).
Wehrlé (Albert).
Weistroffer (Elise).

Les mentions simples recevront **une Carte postale illustrée**.

COLLECTION MUCHA

Les lecteurs du *"Petit Français illustré"* ayant obtenu un accessit au 9ᵉ concours (*voir la liste page 1 de ce supplément*), auront la faculté de nous désigner celui des volumes ci-dessous qu'ils désirent recevoir. Chacun des lauréats recevra une lettre lui faisant connaître la somme qu'il aura à nous envoyer pour recevoir franco le volume de son choix. Nous remettrons sans frais, à la Librairie ou à l'adresse qui nous sera désignée dans Paris : les lauréats auront dans ce cas à nous faire présenter la lettre que nous leur aurons écrite, et que nous conserverons en guise de reçu de leur part.

BADIN, **Jean-Baptiste Blanchard au Dahomey**; *le même*, **Une famille parisienne à Madagascar**; — MARIE DELORME, **Contes du Pays d'Armor**; — FRANAY, **Flossette**; — JUDITH GAUTIER, **Mémoires d'un éléphant blanc**; — GUÉCHOT, **Aventures du Chevalier Carême**; *le même*, **Passe-Partout et l'Affamé**; — NAUROUZE, **La Mission de Philbert**; *le même*, **Frères d'armes**; *id.*, **A travers la tourmente**; *id.*, **L'Otage**; *id.*, **Séverine**; *id.*, **Autour d'un drame**; — CH. NORMAND, **Contes antiques**; — PIERRE PERRAULT, **Les expédients de Farandole**; — ROBIDA, **Le Roi des Jongleurs**; — DAVID SAUVAGEOT, **Ennemis d'enfance**.

Nos prochains Concours

Nous comptons ouvrir, dans notre prochain numéro, deux concours simultanés, auxquels seront attribuées de nombreuses récompenses :

Un **Concours manuel,** auquel sont conviés tous les lecteurs du *Petit Français illustré,* qui y trouveront une occasion excellente de faire preuve d'adresse et d'ingéniosité.

Un **Concours littéraire,** réservé à nos seuls abonnés, et qui consistera en une composition française, prose ou vers, lettre, fable, discours ou récit, sur ce sujet : « Quel est l'animal (chien, chat, oiseau, insecte, etc.) que vous préférez, et donnez-nous les raisons de votre préférence ? » Nous sommes persuadés que ce thème plaira aussi bien par sa nouveauté, que par les multiples ressources qu'il offre à l'imagination ou à la sensibilité de l'enfant (Il va sans dire que nos abonnés pourront prendre part aux deux concours.)

Nous recommandons en conséquence à tout notre jeune public le **Petit Français illustré** *du* **6 décembre,** qui contiendra tous les détails relatifs à ce double concours.

Dans ce même numéro du 6 décembre, nous commencerons la publication de notre nouveau roman :

Le Monsieur des Antipodes

une histoire pleine de mouvement et d'imprévu, que M. Dalsème vient d'écrire spécialement en vue de notre jeune public, et qu'a illustrée de jolies compositions l'excellent artiste José Roy.

Nous commençons aujourd'hui la série annoncée :

NOS VOISINS

à laquelle nous attachons une grande importance, et sur laquelle nous nous permettons d'appeler l'attention, non seulement des enfants, mais encore de leurs parents et de leurs maîtres. On s'en va répétant un peu partout que le Français ne sait rien de ce qui se passe en dehors des frontières de son pays. Bien que cette accusation soit un peu exagérée, nous voulons mettre, dès maintenant, le jeune Français à même d'y répondre, soit en le prenant par la main et en l'emmenant chez le voisin, soit en allant prendre ce voisin chez lui et en l'amenant chez nous. Nous commençons par l'Angleterre ; l'Italie, la Belgique, l'Allemagne, l'Espagne, la Suisse auront leur tour, puis les autres nations ; car de même que les amis de nos amis sont nos amis, on peut dire, avec autant de vérité, que les voisins de nos voisins sont nos voisins.

LIBRAIRIE ARMAND COLIN, rue de Mézières, 5, PARIS.

---

*Nos abonnés trouveront encartés dans le présent numéro les titres, tables et couverture du Petit Français illustré pour le 2*me *semestre de l'année 1902.*

Nos lecteurs, non abonnés, qui désireraient se les procurer, les trouveront en vente chez tous les libraires, papetiers et marchands de journaux, au prix de 15 centimes.

On peut aussi nous en faire la demande directement, en ajoutant à ce prix 5 centimes pour l'affranchissement, soit au total 20 centimes.

WATER-POLO

C'est un jeu, un sport plutôt, bien amusant que le water-polo. Mais il n'est guère connu de nos lecteurs, de la majorité toutefois. Lorsque vous aurez exécuté cette construction, vous le connaîtrez tous, amis lecteurs.

Vous collerez toute la construction, ou plutôt l'ensemble nautique sur un bristol ordinaire ; vous laisserez sécher le tout. Ensuite vous découperez toutes les pièces.

Les deux pièces représentant des bâtons plantés tout droits sur des bouées devront être collés une seconde fois sur un autre carton avant d'être découpés, car ils doivent être plus rigides que le reste.

Alors, amis lecteurs, prenez une belle feuille de bristol ; prenez ensuite un crayon pastel vert, couleur de l'eau, de la belle eau profonde de la Marne, par exemple ; et barbouillez cette feuille de bristol avec votre crayon vert.

Sur cette feuille vous collerez près de l'un des bords le découpage sur lequel se trouvent les deux bonshommes qui regardent, et cela à l'aide de la surface blanche que vous plierez en arrière et à angle droit avec le découpage.

Votre bristol colorié en vert aura donc sa surface en avant de ces personnages, et ils auront l'air, ces braves gens, d'être au bord de l'eau.

Ensuite, très près du bord de l'eau, vous collerez sur la surface liquide, et parallèlement au bord de la rivière, les deux poteaux, toujours à l'aide des surfaces de bases rabattues en arrière. Vous les espacerez de six ou sept centimètres. Vous collerez sur la partie supérieure de ces perches un petit fil blanc qui les reliera ; puis, sur ce fil, au milieu, vous collerez la petite oriflamme que vous colorierez en rouge.

Devant, au milieu de ce but, vous collerez le gardien du but qui a pied, à demi sorti de l'eau. Puis, de ci, de là, mais en avant du reste, vous placerez tous les nageurs ; vous aurez soin toutefois de coller vers le fond, près de la terre, ceux que l'on voit de face ; au milieu ceux qui luttent pour saisir le ballon, et en avant ceux qui tournent le dos.

Il y a deux équipes : ceux qui ont le bonnet rouge et ceux qui ont le bonnet noir.

Il s'agit, pour les noirs de lancer le ballon entre les deux poteaux, but des rouges. Les rouges font de même, mais en sens inverse. Dans notre découpage restreint, on ne voit pas le but des noirs : c'est un peu comme dans un tableau dont on ne voit pas le premier plan de la scène.

Il est inutile de vous dire, n'est-ce pas, habiles découpeurs, que le tout doit être colorié, bonnets en rouge, bras et tête couleur chair, etc.

Vous savez maintenant jouer au water-polo, il ne vous reste plus qu'à bien apprendre à nager, et à vous enrôler dans une des habiles équipes qui luttent dans les eaux vertes de la Marne.

WATER-POLO

www.ingramcontent.com/pod-product-compliance
Lightning Source LLC
LaVergne TN
LVHW051009200726
843508LV00001B/202